Welchen Sinn hat es, wenn sich heutige Frauen mit einer mittelalterlichen Religion befassen, die, wie das Christentum, von einem
Mann begründet wurde und von Männern überliefert, verwaltet und
interpretiert wird? Dieses Buch zeichnet »das Protokoll einer Begegnung« auf: eine Frau von heute hat die Lehren des Buddha gegen den
Strich gelesen und dabei einige vorläufige Antworten und viele weitere Fragen gefunden. Damit eine Religion lebendig bleibt, muß sie
in jeder Generation neu entdeckt werden. Allein ihrer überlieferten
Tradition zu folgen, reicht nicht aus. Immer wenn sich Frauen mit
einer Religion befassen – ob Buddhismus, Christentum, Judentum,
oder Islam –, ist ihre Aufgabe eine doppelte: Wir suchen nach einer
zeitgemäßen Form für eine alte Lehre. Daran arbeiten im Buddhismus auch viele Männer aus dem Westen und einige aus Asien mit.
Und wir müssen eine patriarchale Religion »mit den Augen einer
Frau« kritisch durchleuchten. *Das Herz des Lotos* stellt zentrale Lehren des Buddhismus dar und benennt Fallen, in die wir geraten, wenn
wir unseren kulturellen Hintergrund und unser Geschlecht nicht
berücksichtigen. Es nimmt typische Fragen von Frauen an die Lehre
auf und stellt erste praktische Ergebnisse vor: Thesen und Übungen,
die heutige Frauen (und Männer) auf ihrem Weg in die innere und
äußere Freiheit unterstützen können.

Sylvia Wetzel (Jahrgang 1949) befaßt sich seit 1968 mit unterschiedlichen Wegen zur Befreiung und seit 1977 mit dem Buddhismus, vor
allem der tibetischen Tradition. Sie gehört dem Vorstand der Deutschen Buddhistischen Union an und ist Redakteurin der Zeitschrift
»Lotosblätter«. Die Publizistin und Meditationslehrerin ist mit ihren
kulturkritischen und feministischen Ansätzen eine der Pionierinnen
des europäischen Buddhismus der heutigen Zeit.

Unsere Adresse im Internet: www.fischerverlage.de

Sylvia Wetzel

Das Herz des Lotos

Frauen und Buddhismus

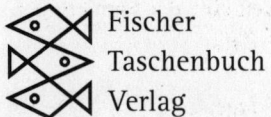
Fischer
Taschenbuch
Verlag

4. Auflage: Dezember 2003

Originalausgabe
Veröffentlicht im Fischer Taschenbuch Verlag,
einem Unternehmen der S. Fischer Verlag GmbH,
Frankfurt am Main, Januar 1999

Satz: Fotosatz Otto Gutfreund GmbH, Darmstadt
Druck und Bindung: Clausen & Bosse, Leck
Printed in Germany
ISBN 3-596-14254-7

Inhalt

Vorwort

Sie haben dieses Buch aufgeschlagen, weil Sie neugierig sind oder weil Sie schon etwas über Buddhismus wissen; Vielleicht haben Sie ein Buch von Thich Nhat Hanh über buddhistische Meditation gelesen, den Dalai Lama oder die deutsche Nonne Ayya Khema im Fernsehen erlebt, einen Tibetfilm gesehen oder den letzten Urlaub in Thailand oder Sri Lanka verbracht? Vielleicht hat Ihnen eine Freundin das Buch empfohlen? Vielleicht fragen Sie sich aber auch, welchen Sinn es hat, wenn sich moderne Frauen mit einer fremden mittelalterlichen Religion befassen, die – wie das Christentum – von Männern überliefert, verwaltet und interpretiert wird? Oder Sie wollen wissen, wie eine Frau, eine Insiderin, den Buddhismus sieht?

Vor einundzwanzig Jahren bin ich dem tibetischen Buddhismus in Nordindien begegnet. Bis heute sind die Lehren des Buddha die große Inspiration meines Lebens geblieben. Mein Herz ist berührt von den Lehren der Liebe und des Mitgefühls, und die klaren Unterweisungen fordern meinen Verstand bis zum äußersten heraus. Meditationsübungen lassen mich neue Ebenen der Wahrnehmung entdecken und zeigen mir die Grenzen unserer begrifflich gefaßten Weltsicht. Die Begegnung mit der Grünen Tara, einer Buddha-Figur der indischen und tibetischen Tradition des Buddhismus, macht mir als Frau Mut, den Weg zum Erwachen zu gehen, den der Buddhismus beschreibt.

Der Untertitel »Frauen *und* Buddhismus« wurde mit Bedacht gewählt. Es geht in diesem Buch nicht um einen Überblick über die Rolle der Frauen *im* Buddhismus, sondern um das »Protokoll der Begegnung« einer Frau von heute mit der Buddha-Lehre. Mit meinen Fragen nach Bedeutung und Ort der Frauen im Buddhismus habe ich die Lehren »gegen den Strich gelesen« und dabei einige vorläufige Antworten und viele weitere Fragen gefunden. Dem Buddhismus »Gedanken und Erfahrungen von Frauen einzuschreiben« (Irigaray) ist ein langwieriger Prozeß. Ich möchte Frauen (und Männer) im Westen auffordern, ihre Fragen an den Buddhismus ernst zu nehmen, sie in ihrem Herzen zu bewegen und an buddhistische Lehrende aus Ost und West heranzutragen. Das schadet dem Buddhismus nicht, sondern hält ihn lebendig.

Über zweieinhalb Jahrtausende haben Männer und Frauen jeder Generation und Kultur in Asien die Lehren neu entdeckt. Allein ihrer überlieferten Interpretation zu folgen, reicht nicht aus. In der tibetischen Tradition sagt man: »Wenn die Schüler nicht besser sind als die Lehrer, stirbt die Tradition.« Deshalb müssen Frauen und Männer im Westen die Lehren »mit ganzem Herzen und allen ihren Kräften« studieren und üben, so daß daraus eine Form des Buddhismus entstehen kann, die uns entspricht.

Es ist nicht einfach, eine Religion immer wieder neu zu entdecken. Es kann gelingen, wenn wir es zusammen mit den asiatischen Traditionen versuchen. Einen westlichen, einen europäischen Buddhismus zu schaffen, in dem sich Frauen wiederfinden, ist eine Gratwanderung. Ohne genügend Klarheit und Tiefe banalisieren wir die Lehren und verwässern sie oder halten an überholten Formen und Interpretationen einfach fest. Beide Wege sind Sackgassen, die nicht zum Erwachen führen. Den mittleren Weg finden wir nur durch das Ausloten beider Extreme. Wir brauchen dazu Mut und Vertrauen, viel Wissen und tiefe Erfahrungen in der Meditation. Auch unsere westliche Kultur müssen wir gut kennen. Und wir brauchen Kontakt mit erfahrenen Lehrenden aus der Tradition und einen kontinuierlichen Austausch mit Übenden und Lehrenden der unterschiedlichen Traditionen aus dem Westen. Einen westlichen Buddhismus für Männer *und* Frauen kann man sich nicht am grünen Tisch ausdenken oder »aus dem Bauch heraus« erfinden.

Menschen, die Neues ausprobieren, sind per definitionem Ketzer, und sie machen Fehler. Sie werden zu Recht von den etablierten Traditionen mißtrauisch beobachtet, denn wir wissen immer erst im nachhinein, ob wir die Lehren zeitgemäß umgesetzt oder bloß verwässert und an den Geschmack der Zeit angepaßt haben. Mit den Thesen und Übungen in diesem Buch möchte ich Frauen und Männern im Westen Mut machen, sich auf die Lehren und Übungen des Buddha einzulassen und sie auf Herz und Nieren zu prüfen.

Die Aufgabe der Frauen ist dabei eine doppelte: Wir suchen nach einer zeitgemäßen Form für eine alte Lehre. Daran arbeiten auch viele Männer aus dem Westen und einige aus Asien mit. Und wir müssen eine patriarchale Religion »mit den Augen einer Frau« kritisch betrachten. In den ersten beiden Teilen werden zentrale Lehren und Übungen des Buddhismus vorgestellt und einige Fallen benannt, in die wir geraten, wenn wir unseren kulturellen Hintergrund und unser Geschlecht nicht berücksichtigen. Der dritte Teil nimmt typische Fragen heutiger Frauen an die Lehren auf und »liest« mit ihrer Hilfe die Lehren »gegen den Strich«. Eine Phantasiereise in eine von Frauen dominierte buddhistische Welt schärft die Aufmerksamkeit für das Ausmaß an männlicher Dominanz im Buddhismus und seine Folgen für Übende und Lehrende. Der vierte Teil stellt erste praktische Ergebnisse vor: Thesen und Übungen, die Frauen auf dem Weg in die innere und äußere Freiheit unterstützen können. Es liegt noch viel Arbeit vor uns, bis wir die buddhistischen Lehren »feministisch« und »westlich« durchgearbeitet haben.

Zum Herangehen an dieses Buch: Sie können zuerst die Kapitel lesen, die Sie besonders interessieren oder das Buch Abschnitt für Abschnitt durchgehen. Jedes Kapitel ist mit den anderen auf vielen Ebenen verbunden. Aussagen überschneiden sich, und es gibt viele Wiederholungen. Sie sind nicht zu vermeiden, gehören zum Stil lebendiger Traditionen und sind auch sinnvoll. Die Grundaussagen der Lehren erschließen sich durch vielfaches Umkreisen. Immer gehen wir dabei von anderen Fragestellungen aus. Der Buddha lehrte kein fertiges System, sondern beantwortete die

Fragen der Menschen seiner Zeit und wählte dafür den Stil und die Bilder, die seinem Gegenüber entsprachen. Diese spontanen Unterweisungen wurden einige Jahrhunderte lang ausschließlich mündlich weitergegeben und kurz vor der Zeitenwende aufgeschrieben. Das sind die Lehrreden des Buddha. Auf sie beziehen sich alle weiteren Auslegungen und Kommentare. Erst nach einer intensiven intellektuellen und meditativen Beschäftigung mit den Lehren läßt sich ihre Struktur von innen her erfassen. Ohne eigene Erfahrungen mit den Lehrinhalten bleibt die Beschreibung der zentralen Aussagen äußerlich – ein Skelett ohne Fleisch und Blut.

Danksagung

Viele Menschen, Umstände und Lehren haben an diesem Buch mitgewirkt. Hier möchte ich einige wenige Menschen nennen, die mein Denken und mein Lebensgefühl entscheidend geprägt haben. Lama Thubten Yeshe hat mein Herz für den Buddhismus geöffnet. Mit bodenständigen Lehren, Offenheit, Humor, Mitgefühl und großem Geschick hat er die Essenz der Lehren vermittelt. Sein waches Interesse für Fragen und sein Vertrauen in die Ernsthaftigkeit seiner Schülerinnen und Schüler aus dem Westen haben mir viel Mut gemacht, die Lehren auszuprobieren und mit ihnen zu experimentieren. Eine seiner Visionen war die Darlegung der buddhistischen Lehren ohne einen einzigen »buddhistischen« Fachbegriff. So weit sind wir noch nicht, aber auf dem Weg dahin. Lama Yeshe war einer der wenigen Lamas, die in ihrem letzten Leben eine Frau waren. Als Äbtissin leitete sie ein Kloster in der Nähe von Lhasa. Vielleicht war es deshalb für ihn leicht, Frauen und ihre Fragen ernst zu nehmen und sie zur kritischen Auseinandersetzung mit der Tradition zu ermuntern. Mit zwei weiteren Lehrern aus der Gelug-Tradition des tibetischen Buddhismus, Lama Zopa Rinpoche und Geshe Tegchok, habe ich die traditionellen Lehren und Übungen kennen- und schätzengelernt.

Nach dem Tod von Lama Yeshe 1984 begab ich mich auf die Suche nach einer buddhistischen Lehrerin: Einige Jahre begleitete mich die Rinzai-Zen-Meisterin Gesshin Prabhasadharma Roshi. Sie unterstützte mich, ohne daß sie mir nahelegte, meinen tibetischen Weg zu verlassen. Die Theravada-Lehrerin Ayya Khema führte mich in die Lehrreden des Buddha und in die Sammlungsstufen (Pali *jhana*) ein und inspirierte mich immer wieder, komplexe Lehren in praktische Übungen umzusetzen. In den letzten Jahren studiere ich bei Shenpen Susan und Michael Hookham die Lehren und Übungen des allgemeinen Mahayana und der tibetischen Kagyu- und Nyingma-Tradition.

Bei der Integration der buddhistischen Lehren im westlichen Alltag unterstützen mich Gedanken und Erfahrungen von Menschen aus dem Westen. Die Kulturphilosophie von Jean Gebser öffnete meinen Blick für den engen Zusammenhang zwischen religiösen Formen und geistiger Entwicklung, zwischen kulturellen Bildern und der Essenz des geistigen Weges. Dieser eigenwillige Visionär aus Böhmen hat einige heutige Denker nachhaltig inspiriert, so den Musiker Michael Vetter und den Kulturphilosophen Ken Wilber. C. G. Jung und sein Schüler Erich Neumann schärften meinen Blick für die dunklen Seiten des geistigen Weges und machten mir Mut, meinen ketzerischen Fragen nachzugehen und sie den Vertretern des etablierten Buddhismus zu stellen. Die französische Philosophin und Psychoanalytikerin Luce Irigaray und die italienische Philosophin Luisa Muraro schenkten mir das Denkmodell der Geschlechterdifferenz. Es erwies und erweist sich als Schlüssel, das »Modell Mann« hinter allen sogenannt allgemein menschlichen Lehren zu entdecken, das dazugehörige »Modell Frau« zu hinterfragen und einen Weg aus der patriarchalen Einäugigkeit heraus zu finden.

Das sind die bekannten Namen, auf die ich mich gerne berufe. Genauso wichtig sind die weniger bekannten Mitübenden und -lehrenden aus Ost und West. Mit ihnen habe ich die buddhistischen Lehren studiert und sie in der Meditation vertieft. Mit Freundinnen und Freunden, Kolleginnen und Kollegen aus dem

Westen habe ich mich mit den Werken der europäischen Denkerinnen und Denker befaßt. In den letzten zehn, zwölf Jahren habe ich meine Erfahrungen in Vorträgen und Kursen weitergegeben, und viele westliche Frauen (und Männer) können mit meinem Lehr- und Übungsstil gut arbeiten. Ihre positiven Rückmeldungen haben mich immer wieder darin bestärkt, meine Fragen weiterzuverfolgen, auch wenn keine schnellen Antworten in Sichtweite waren und sind. Dank allen, die den Mut hatten und haben, mit mir neue Wege zu suchen und auszuprobieren.

Eine große Inspiration war und ist auch die kollegiale Unterstützung vieler westlicher Dharma-Lehrerinnen und -Lehrer. Auf internationalen, europäischen und nationalen Konferenzen habe ich ihnen meinen »feministischen Buddhismus« vorgestellt, und sie haben mich sehr darin bestärkt, meinen eigenen Weg zu suchen und zu gehen.[1]

Herzlich bedanken möchte ich mich bei Dr. Viola Altrichter, Dr. Adelheid Herrmann-Pfandt, Dr. Barbara Knab, Dr. Sylvia Kolk und Marie Mannschatz. Jede geht ihren ganz eigenen Weg, und unser Austausch bereichert mein Leben. Sie haben das Manuskript gelesen und mit ihren Anregungen für mehr Klarheit und weniger buddhistische Insidersprache gesorgt. Dank auch an meine Lektorin Tanja Reindel vom Fischer Verlag, die das Projekt von Anfang an kompetent betreute.

Jütchendorf im Juni 1998
Sylvia Wetzel

Ein Wunsch zum Abschluß: Mögen alle Fehler in der Darlegung der Lehren keinerlei Eindruck im Geist der geschätzten Leserinnen und Leser hinterlassen.

Allgemeine Hinweise

Zur Anrede: In allgemeinen Anweisungen zur Meditation wird das formellere »Sie« verwendet, bei den eigentlichen Übungen das persönlichere »du« oder »wir«.

Zu den fremdsprachlichen Begriffen: Da sich das Buch an das allgemeine Publikum richtet, haben wir bei Begriffen aus dem Sanskrit und Pali auf Sonderzeichen verzichtet. Die Termini werden bei ihrem ersten Auftauchen entweder im Text oder in einer Anmerkung erläutert. Die Herkunftssprache wird mit den allgemein üblichen Abkürzungen angegeben: Skt. für Sanskrit und tib. für Tibetisch.

Zur Aussprache: Im allgemeinen folgt die Aussprache der Fachbegriffe und Eigennamen aus dem Sanskrit und Pali den deutschen Lautregeln. Bei drei Lauten folgen wir der bekannteren englischen Schreibweise, die Aussprache ist in Klammern angegeben: »j« wie in *jhana* (Dschana), »sh« wie in *shamata* und *shila* (Schamata und Schila) und »Ci« wie in *bodhicitta* (Bodhitschitta).

Teil Eins: Die Lehren

1 Buddhismus im Wandel

Immer wieder stellen westliche Menschen die Frage, was der Buddhismus eigentlich sei? Ist er eine Religion, eine Lebensphilosophie, ein ethisches System oder eine ausgefeilte Psychologie? Oder alles zusammen? Definiert man Religion als ein geistiges System, das sich mit der Beziehung zwischen Gott und den Menschen befaßt, dann ist der Buddhismus keine Religion, da seine Fragen nicht um Gott kreisen. Der historische Buddha war der Ansicht, daß alle Aussagen über eine transzendente Instanz, die die monotheistischen Religionen Gott nennen, keine objektive Wirklichkeit beschreiben, sondern vor allem etwas über die Menschen aussagen, die darüber sprechen. Wir können aus der Beschreibung des Göttlichen in den verschiedenen Religionen sehr viel über die Wünsche und Sehnsüchte, die Ängste und Befürchtungen der Menschen dieser entsprechenden Kulturen lernen.

Der Buddhismus ist ein System von Lehren und Übungen, das Menschen dazu anleitet, ihren engen egozentrischen Standpunkt zu überschreiten und die großen Fragen von Leben und Tod zu bedenken. Insofern ist der Buddhismus allerdings sehr wohl eine Religion. In seiner klassischen Kurzfassung der Lehre, den Vier Edlen Wahrheiten, beschreibt der Buddha die alltäglichen und existentiellen Leiden der Menschen, erklärt deren Ursachen, betont die Möglichkeit einer Befreiung vom Leiden und weist den Weg dahin.

Im Unterschied zu den Propheten der Offenbarungsreligionen äußerte sich der Buddha aber nie zu Fragen, die er nicht für heilsrelevant hielt. So nahm er einmal eine Handvoll Blätter und fragte seine Schüler: »Was ist größer, die Anzahl der Blätter in meiner Hand oder die Anzahl der Blätter im Wald? So wie es mehr

Blätter im Wald gibt, ist mein Wissen von den Dingen umfangreicher als das, was ich lehre.« So unterschied der Buddha zwischen dem, was er erkannt hatte und dem, was er lehrte. Auch riet er seinen Schülerinnen und Schülern davon ab, über Dinge zu spekulieren, die ihren derzeitigen Horizont übersteigen und lehrte sie statt dessen Methoden, den eigenen Horizont zu erweitern.

Der Buddhismus lehrt deshalb vor allem Methoden der Selbsterkenntnis. Der Buddha spricht über die Schwächen und Stärken der Menschen und betont die Möglichkeit ihrer Weiterentwicklung. In diesem Sinn ist der Buddhismus eine differenzierte Psychologie: Er beschreibt die Mechanismen der Wahrnehmung, von emotionalen Prozessen und von Verhaltensmustern. Er unterscheidet begriffliche und nichtbegriffliche Einsichten und lehrt Methoden der Selbsterziehung, der Einstellungs- und Verhaltensänderung. All das ist auch Gegenstand von Psychologie und Psychotherapie. Der Buddhismus ist aber mehr als nur eine kluge Psychologie, da er auch existentielle Fragen thematisiert und einen Weg zu transpersonalen Einsichten weist.

Im Laufe seiner zweieinhalbtausendjährigen Geschichte hat sich der Buddhismus als ein lebendiger, wirksamer religiöser Weg erwiesen, der zu allen Zeiten und in jeder Kultur, in die er hineingetragen wurde, die Methoden entwickelte und lehrte, die der Mentalität der damals dort lebenden Menschen entsprach. So fanden die Nachfolger (und Nachfolgerinnen) des Buddha neue Bilder und Symbole, Systeme und Erklärungen für den Weg aus dem Leiden in die Freiheit. Aber die starke Betonung der Übung und der nichtbegrifflichen Einsicht hielt die buddhistische Tradition bis heute lebendig. Wie flexibel der Buddhismus dabei war, möchte ich, ohne Anspruch auf Vollständigkeit, kurz an einigen historischen Entwicklungen aufzeigen.

Im 6. Jahrhundert vor unserer Zeitrechnung lehrte der historische Buddha, Siddhartha Gautama, der Weise aus dem Geschlecht der Sakyas (Skt. *Shakyamuni*) in Nordindien. Er lehrte Ethik, Sammlung und Einsicht als Weg aus dem Leiden. Das geistige

Ideal dieser Frühphase war »der Mann als Mönch«. Heute pflegen vor allem die klassischen Theravada-Traditionen in Ost und West die Ideale dieser Phase.

Um die Zeitenwende entstand gleichzeitig im Osten das buddhistische Mahayana und im Westen das Christentum; beide lehrten den Gedanken der Zuwendung zu unseren Nächsten als wesentliches Element des geistigen Weges. Mitfühlende Liebe und Weisheit sind die Leitbegriffe des Mahayana, und sein Ideal ist meist der, aber manchmal auch die Bodhisattva, ein Wesen, das »Erleuchtung zum Wohl aller« anstrebt. Die philosophische Grundlage des Mahayana formulierte im Indien der ersten Jahrhunderte nach der Zeitenwende der indische Gelehrte Nagarjuna mit seiner ausgefeilten Metaphysik der Leerheit.

Im Mahayana (Skt., Großes Fahrzeug) wird die heute vom Theravada vertretene Haltung des frühen Buddhismus auch Hinayana (Skt., kleines Fahrzeug) genannt. Mit dieser durchaus herablassend gemeinten Bezeichnung betont das Mahayana, daß aus seiner Perspektive das Ziel des Hinayana – die eigene Befreiung – als klein, das Ziel des Mahayana – Erleuchtung zum Wohle aller – dagegen als groß gilt. Die mündliche Tradition des tibetischen Buddhismus betont, daß man das Mahayana nur auf der Grundlage des Hinayana erfolgreich üben kann. Sie weist außerdem darauf hin, daß Hinayana und Mahayana nicht primär Schulrichtungen oder Traditionslinien sind; der Unterschied liegt vielmehr in der Einstellung zur Übung. Lama Yeshe kritisierte die Arroganz seiner westlichen SchülerInnen gegenüber dem Hinayana häufig mit dem Hinweis, sie würden ja lediglich meditieren, um angenehme Gefühle zu haben. Um Befreiung aus allem Leiden als Ziel anzustreben, müsse man sein eigenes Leiden sehr genau kennen, und das sei bei den meisten wohl kaum der Fall.[1]

In den ersten Jahrhunderten unserer Zeitrechnung gewannen im patriarchal verfestigten Indien die alten Mutterreligionen mit ihrer Achtung vor Frauen und Körper, Elementen und Kosmos, Beziehungen und Alltag wieder an Kraft und Einfluß, und aus ihrer Begegnung mit dem Mahayana entstand das buddhistische Tantra, das Vajrayana. Als das Mahayana nach China kam, entstand aus seiner Begegnung mit der Sozialethik des Konfuzius und der ausgefeilten Naturmystik des Daoismus die ganz eigene Form des chinesischen Ch'an, das in Korea, Japan (als Zen) und Vietnam wieder eigene Formen entwickelte. Ab dem siebten Jahrhundert kam der Buddhismus ins schamanistische Tibet und entwickelte dort die speziell tibetische Form des Vajrayana.[2]

Gesellschaft und Kultur

Der Buddhismus mit seiner Betonung der eigenen Erfahrung, der Gegenwart und der unmittelbaren unverstellten Wahrnehmung, mit seinem scharfen Blick auf die innere Einstellung und die Motive des Handelns, scheint zumindest einen Rahmen zu bieten, wie wir die Fragen der heutigen Zeit anpacken und den Schritt zurück in Dogma und Rigidität vermeiden können. Ein geistiges System, das davon ausgeht, daß wir jeden Augenblick neu und unmittelbar wahrnehmen, das darauf vertraut, daß wir hier und heute Befreiung und Erleuchtung erreichen können, fördert prinzipiell und potentiell Mut, Einsicht und Kraft, sich mit jeder Frage auseinanderzusetzen, die Frauen und Männer des ausgehenden zwanzigsten und beginnenden einundzwanzigsten Jahrhunderts bewegt.

Im Westen finden wir heute Ansätze zu einer kontemplativen Psychotherapie und Hospizgruppen, die Sterbebegleitung auf buddhistischer Grundlage durchführen. Es gibt buddhistische Friedensmärsche in Ost und West, und einige buddhistische Lehrer und Lehrerinnen engagieren sich in politischen Parteien. Im heutigen Sri Lanka wächst die an Gandhi und am Buddhismus orientierte Sarvodaya Shramadana Bewegung, eine »Graswurzelbewegung«, die mit neuen Formen der Zusammenarbeit auf Gemeindeebene experimentiert. In Japan gibt es seit Anfang des Jahrhunderts psychotherapeutische Verfahren auf buddhistischer

Grundlage. Sie arbeiten mit Achtsamkeit und nichturteilendem Gewahrsein (Morita). Neuere Verfahren wie das Naikan arbeiten vor allem mit Einfühlung und Mitgefühl.[3]

Buddhistische Lehren und Übungen stärken die Einsicht, daß jede Veränderung im eigenen Herzen beginnt, dort aber nicht stehenbleibt, sondern sich auswirkt auf alles, was wir tun. Der Dalai Lama übersetzt seit Anfang der achtziger Jahre den Schlüsselbegriff des Mahayana, Bodhicitta – das ist der Wunsch, zum Wohle aller Wesen zu erwachen – mit universeller Verantwortung; er betont die Verpflichtung zu aktivem Mitgefühl.

Die Karma-Lehren erläutern, wie unsere Einstellungen als innere Ursache mit den äußeren Bedingungen zusammenwirken und so Realitäten schaffen. Jeder weise, mitfühlende, großzügige Gedanke ist ein Baustein zu einer besseren Welt. Jeder haßerfüllte Gedanke vergrößert das Leid. Wenn wir etwas tun können, um Gewalt und Rücksichtslosigkeit, Ausbeutung und Gleichgültigkeit gegenüber anderen zu vermindern, sollten wir das tun. Allerdings führt die Arbeit für eine bessere Welt dem Buddhismus zufolge nur dann zu dem angestrebten Ziel, wenn wir aus Großzügigkeit und Zuneigung, mit Einsicht und Gelassenheit handeln. Solange Wut Motor unseres Handelns ist, Wut auf soziale, politische und ökonomische Strukturen und die Menschen, die sie aufrechterhalten, wird aus diesen Handlungen Leid für alle Beteiligten folgen. Dennoch ist Wut häufig der Anstoß, über soziale, politische und ökonomische Strukturen nachzudenken. Wenn wir uns darum bemühen, äußere Umstände aus einer positiven Haltung heraus zu verändern und nicht aus Angst und Wut, erreichen wir mehr.

Der Kern der Lehren

Die Lehren sollen uns dabei helfen, Probleme zu meistern und Fähigkeiten zu entfalten. Die äußeren Formen, mit deren Hilfe das möglich wird, unterscheiden sich in Tibet und Japan, in Burma und Vietnam, in Korea und Sri Lanka, in Indien und Thailand, ihre Essenz ist den Traditionen zufolge aber die gleiche. Auf die Frage, ob die intensive Beschäftigung mit westlicher Philosophie und Psychologie mit dem buddhistischen Weg sinnvoll zu vereinbaren sei, sagte der tibetische Lama Thubten Yeshe 1983: »Zwei Dinge sind wichtig: Es gibt Erleuchtung, und sie ist für alle Wesen möglich. Alles, was dich darin unterstützt, das zu begreifen und umzusetzen, ist Dharma, auch wenn es anders heißt.«[4]

»Eines nur lehre ich, den Weg zur Befreiung aus dem Leiden«, lautet ein vielzitierter Satz des Buddha. Im Mahayana heißt es, alle Wesen haben Buddha-Natur. Was aber ist Buddha-Natur? Es ist die grundlegende Offenheit, Klarheit und Feinfühligkeit unseres Geistes – die Natur des Geistes –, die Erwachen möglich macht. Erkennen wir sie und ruhen wir in ihr, entsteht die Weisheit, die die Dinge so sieht, wie sie sind. Unser Blick ist nicht verzerrt durch aufgewühlte Emotionen, Erwartungen, Ängste und Befürchtungen, und wir verwechseln die Dinge nicht mit unseren Gedanken über sie, mit Bildern, gedanklichen Verkürzungen und abstrakten Begriffen. Es geht also um Weisheit, und alle Lehren und Übungen sollen uns bei ihrer Entwicklung unterstützen.[5]

2 Das Herz des Weges:
Achtsamkeit

Mit unseren Sinnen nehmen wir die Welt wahr, und mit dem Verstand interpretieren wir sie. Wie das genau vor sich geht, entdecken wir erst, wenn wir unsere Aufmerksamkeit nach innen richten. Das ist nicht einfach, denn viele Dinge in der Außenwelt ziehen uns an, und es gibt immer viel zu tun. Was kann uns dazu bringen, einen Teil der Aufmerksamkeit von der äußeren Welt abzuziehen und nach innen zu wenden? Vielleicht ahnen wir, daß unser Lebensgefühl nicht nur von den äußeren Bedingungen abhängt, sondern von unserer Einstellung beeinflußt wird. Im Buddhismus heißt es: Der Weg in die Freiheit beginnt, wenn wir merken, daß wir in einem Gefängnis sitzen, eingesperrt hinter den Mauern rigider Selbst- und Fremdbilder, eingefahrener emotionaler Muster und Verhaltensweisen. Den meisten Menschen fällt das nicht auf, solange die »Haftbedingungen« mehr oder weniger annehmbar sind. Einige aber sehnen sich nach Freiheit und dem offenen Raum. Freiwerden setzt voraus, daß wir Situationen in ihrer Komplexität erfassen und alle beteiligten Faktoren und Bedingungen genau wahrnehmen, vor allem uns selbst. Wir reden, handeln und denken den lieben, langen Tag, bemerken aber oft erst im nachhinein, welchen Beitrag wir selbst zu einer Situation, einer Begegnung geleistet haben.

Wollen wir uns selbst besser kennenlernen, richten wir die Aufmerksamkeit oder Achtsamkeit nach innen und spüren, was in uns vor sich geht. Die Tradition verwendet dafür den Begriff Achtsamkeit (Skt. *smrti*, Pali *sati*). Wörtlich bedeutet das Erinnerung oder Besinnung.[6] Im Deutschen bezieht sich Erinnern auf die Vergangenheit, das alte Wort Besinnen umfaßt Herz und Verstand. Achtsamkeit bedeutet hier eine offene und respektvolle Vergegenwärtigung dessen, was gerade geschieht.

Die erfolgreiche Achtsamkeitsübung bringt Entspannung und Klarheit in unser Leben. Den Lehren zufolge führt sie sogar direkt bis zum vollständigen Erwachen. In dem etwas altmodischen Begriff Achtsamkeit schwingt der Begriff Achtung mit, der mehrere Bedeutungen hat. Wir reden von Respekt und Achtung, wir warnen mit dem Ausruf »Achtung!« oder »Hab acht!« vor Gefahr und beginnen im Sport mit den Worten: »Achtung, fertig, los!«

Viele Menschen, die erstmals meditieren, interpretieren Achtsamkeit eher im letzteren Sinn. Wer sich hinsetzt, um auf den Atem und die Gedanken zu achten, strengt sich meist heftig an, um ja jeden Atemzug und jeden Gedanken mitzubekommen. Doch sollte man eher eine Haltung der respekt- und liebevollen Aufmerksamkeit für das, was innerlich geschieht, kultivieren. Achtsamkeit schafft eine gewisse Distanz zu den inneren Vorgängen. Es ist aber keine kalte Distanz, mit der wir uns vor Gefühlen abschotten. Es geht eher um ein offenes Gewahrsein, in dem alles sein darf: angenehme und unangenehme Gefühle, Bilder und Gedanken, Ruhe und Unruhe. Alles geschieht einfach und wird liebevoll wahrgenommen.

Sich selbst spüren

Worauf richtet sich die Aufmerksamkeit? Es sind die vier Bereiche, die unser inneres Leben ausmachen: Körperempfindungen, grundlegende Gefühle und emotionale Muster, Grundstimmungen und Gedanken oder Gedankeninhalte.[7] Die Tradition spricht von den vier Grundlagen oder Ausgangspunkten der Achtsamkeit (Pali *satipatthana*). Das Achtsamkeits-Sutra – in der Übersetzung von Nyanatiloka – beginnt und endet mit dem berühmten Spruch:

»Nur einen einzigen Weg gibt es, ihr Nonnen, der zu der Wesen Reinheit führt, zur Überwindung von Sorge und Jammer, zum Untergange von Schmerz und Kummer, zur Gewinnung des rechten Pfades und zur Verwirklichung des Nirwahns, nämlich die Vier Grundlagen der Achtsamkeit.«[8]

Der Körper: Viele Menschen spüren ihren Körper nur noch dann, wenn er schmerzt. Wir sind den ganzen Tag am Denken und bewegen uns in einer Welt von Begriffen, Ansichten, Urteilen und Erwartungen, Hoffnungen und Ängsten. Viele Menschen wollen zu sich selbst kommen, sich selbst wieder mehr spüren und innere Ruhe finden. Deshalb fangen sie an zu meditieren. Klassische Übungen wie die Atemmeditation fördern die Feinfühligkeit für den Körper, ebenso das achtsame Spüren des ganzen Körpers im Sitzen oder Liegen oder die Gehmeditation. Mit gezielten Übungen schulen wir die fünf Sinne und nehmen die vier oder fünf Elemente in der Außenwelt und im eigenen Körper immer feiner wahr.

Gefühle und emotionale Reaktionen: Der Buddhismus unterscheidet zwischen Gefühl (Pali *vedana*) und emotionaler Reaktion (Pali *klesha*). Wir können zwischen angenehmen, unangenehmen und neutralen Gefühlen unterscheiden. Diese drei grundlegenden Gefühle werden durch körperliche Empfindungen oder Gedanken, Bilder und Erinnerungen ausgelöst. Man muß sehr feinfühlig und aufmerksam sein, um diese Ebene überhaupt wahrzunehmen. Meist können wir nur von unseren Reaktionen auf sie schließen. Wir reagieren auf angenehme Gefühle mit Festhalten, Gier und Angst, auf unangenehme Gefühle mit Abwehr, Ablenken oder Verdrängen und auf neutrale Gefühle mit Ignorieren und Gleichgültigkeit. Wir können aber lernen, unsere Gefühle zu registrieren, ohne automatisch mit emotionalen Mustern auf sie zu reagieren: dazu müssen wir allerdings lernen, sie sorgfältig zu unterscheiden. Genau an diesem Punkt beginnt der Weg in die Freiheit. In Kürze: Normalerweise reagieren wir auf Gefühle mit eingefahrenen Verhaltensmustern und schaffen so weitere Ursachen für Leid. Buddhas erleben ebenso Gefühle wie wir, reagieren aber nicht mit aufgewühlten Emotionen, sondern ruhen in Weisheit, Liebe und Mitgefühl.

Die Grundstimmung: So ist unsere Brille gefärbt, mit der wir uns selbst und die Welt betrachten. Manchmal spricht man auch von Achtsamkeit für das Bewußtsein oder den Geisteszustand (Pali *cittanupassana*, von *citta* = Geist). Sind wir gut gelaunt, finden wir meist einen äußeren Aufhänger, der die gute Laune erklärt: Wir haben einen freien Tag, die Sonne scheint oder wir lesen gerade ein gutes Buch. Sind wir schlecht gelaunt, sind wir meist vollkommen davon überzeugt, daß die Ursachen dafür in den anderen Menschen, dem Wetter, der Arbeit oder dem Tagesablauf liegen. Die äußeren Umstände werden im Buddhismus jedoch als Aufhänger betrachtet, nicht aber als Ursachen für angenehme, unangenehme und neutrale Gefühle. Ursache für diese sind die aktuelle Stimmung und unser biographischer Hintergrund, der uns immer begleitet, d. h. unsere Werte und Meinungen, Vorerfahrungen und Gewohnheiten, emotionale Muster, Vorlieben oder Abneigungen.

Unser Leben wird leichter, wenn wir nicht die objektive Situation für schrecklich oder wunderbar halten, sondern merken, daß wir gerade in einer guten oder schlechten Verfassung sind. Wir können äußere Bedingungen und innere Ursachen unterscheiden lernen, wenn wir auf die augenblickliche geistig-seelische Verfassung, die innere Gestimmtheit oder Grundstimmung achten. Das ist Achtsamkeit für die eigene Stimmung. Was äußere Bedingungen und innere Ursachen miteinander zu tun haben, wird im dritten und vierten Kapitel in den Abschnitten »Innen und Außen« und »Die Umwelt als Spiegel« ausführlich behandelt.

Gedanken: Im Unterschied zur Grundstimmung sind das die vielen Ideen, Bilder und Vorstellungen, die uns in bestimmten Situationen durch den Kopf gehen. Manchmal spricht man auch von Achtsamkeit für die Geistobjekte oder Dinge (Pali *dhammanupassana* von *dhamma* = Ding, Sache). Da wir die Dinge mit dem verwechseln, was wir darüber denken, nennen wir diesen Bereich kurz den Bereich der Gedanken.

Es verändert unser Leben, wenn wir diese Gedanken nicht einfach nur denken und sie für die Wirklichkeit halten, sondern bemerken, daß wir gerade dies oder jenes denken. Besonders wenn wir unsere Gedankenschleifen als bloße Gedankenschleifen erkennen, haben wir den ersten Schritt in die Freiheit getan.

»Wahrnehmen befreit«, sagt die tibetische Tradition, und wir können den befreienden Effekt dieser Übung am eigenen Leib erfahren. Der tibetische Lama Thubten Yeshe nannte diese Gedankenschleifen »die westlichen Mantras«. Während die buddhistische Tradition heilsame Mantras zur Öffnung des Herzens und zur Klärung des Geistes lehre, rezitierten westliche Menschen sehr wirksam negative Mantras, meinte Lama Yeshe. Wir wiederholen den ganzen Tag: »Ich habe keine Zeit. Ich bin unmöglich. Die Welt ist furchtbar. Ich muß alles alleine schaffen. Mir hilft sowieso keiner.« Das einzig Gute an dieser negativen westlichen Mantra-Praxis sei, so Lama Yeshe, die Vertrautheit mit dem Mantra-Prinzip. Da negative Mantras offensichtlich hervorragend wirken und erfolgreich eine negative und schmerzhafte Wirklichkeit schaffen, wächst das Vertrauen, daß heilsame Mantras eine heilsame und heilende Weltsicht und damit Welt schaffen.

Eine grundlegende Übung:
Atem und Gedanken spüren

Wir achten auf den Atemrhythmus und spüren die Bewegungen, die das Atmen im Körper in Gang setzt. Dann registrieren wir Körperempfindungen, Gefühle, Gedanken und Bilder, die immer wieder auftauchen. Wir spüren in erster Linie das Heben und Senken der Bauchdecke, den Luftzug an den Nasenöffnungen oder die Bewegung im ganzen Oberkörper.

Wenn wir einen Teil der Prozesse, die dabei sowieso ablaufen, benennen, fällt es uns leichter, ihnen unsere Aufmerksamkeit zu schenken. Als erstes registrieren wir das Heben und Senken der Bauchdecke mit »Auf und Ab«, oder mit »Heben und Senken«. Wir vermerken das Ein- und Austreten des Atems an den Nasenöffnungen mit »Ein und Aus«. Wir registrieren den Atemrhythmus im Oberkörper mit »Ein und Aus«.

Als zweites beobachten wir, wie unsere Körperempfindungen, Sinneswahrnehmungen, Gefühle, emotionalen Muster, Stimmungen und Gedanken, Erinnerungen und Bilder, die unablässig aufsteigen, für einige Momente bleiben und wieder verschwinden.

Auch hier geben wir den Vorgängen einen Namen, denn wenn wir etwas benennen, bleiben wir leichter mit der Aufmerksamkeit dabei. Wir können uns an den fünf Sinnen und am Denken orientieren und benennen dann: »Sehen, Hören, Riechen, Schmecken, Spüren und Denken.«

Einen guten Einblick in unsere innere Struktur erhalten wir, wenn wir zwischen »Zukunft, Vergangenheit, angenehm und unangenehm« unterscheiden. Wir finden dann schnell heraus, ob wir eher mit Sehnsucht von einer rosigen Zukunft träumen oder der guten alten Zeit nachhängen, ob wir uns auf neue Erfahrungen in der Zukunft freuen oder Angst haben vor dem, was uns bevorsteht. Immer bemerken wir, wie wenig wir in der Gegenwart leben.

In den ersten Monaten der Übung steht eher die zweite Aufgabe – Registrieren der Gedanken und Bilder – im Vordergrund, da wir noch wenig konzentriert sind. Anfangs richten wir etwa 20–30 Prozent der Aufmerksamkeit auf den Atem. Das reicht. Können wir etwa 15 Minuten beim Atem bleiben, ohne ihn ganz zu verlieren, verfeinern wir unsere Aufmerksamkeit. Konzentration und Achtsamkeit werden erst durch stete Übung tiefer, durch Vertrautheit mit der Technik und den inneren Prozessen. Druck und Anstrengung machen nur müde.

Wenn Sie zu Beginn einer Übungsphase den festen Entschluß fassen, sich bestmöglich zu konzentrieren, können Sie mit dieser Übung keine Zeit verschwenden. Entweder bleibt man mit der Aufmerksamkeit beim Atem, dann entwickelt man Konzentration. Sobald Gedanken und Gefühle auftauchen und Sie sie bemerken, gewinnen Sie Einsichten in die Oberflächenstruktur des Geistes. Es ist ganz natürlich, daß Sie in den ersten Monaten Gedanken erst nach fünf, sechs Minuten bemerken. Wir schulen mit der

Übung unsere Achtsamkeit, und das ist ein Prozeß. Es geht nicht um die perfekte Erfüllung einer Pflicht. Diese einfache Übung fördert unsere Konzentration und unsere Einsicht, und beide Fähigkeiten brauchen wir zum Erwachen.

Vom Sinn der Übung

»Das Dharma ist ein Weg der Schulung und keine Vorschrift«, so gibt der englische Lama Michael Hookham den Rat seines Lehrers Trungpa Rinpoche wieder. Viele westliche Menschen verstehen Lehren, Übungen und ethische Richtlinien als Vorschriften. Wenn sie die »Vorschriften« nicht perfekt einhalten, haben sie Schuldgefühle, setzen sich unter Druck und geben bald wieder auf. Es dauert seine Zeit, bis wir verstehen, was mit »rechter« Achtsamkeit gemeint ist. Die tibetische Tradition verwendet manchmal die beiden Begriffe »ruhig und klar«, um die beiden Pfeiler des Weges, Sammlung und Einsicht, zu charakterisieren.

Ruhe bedeutet hier Sammlung und Klarheit Einsicht. Andere Begriffe dafür sind Entspannung und Wachheit. Ein gesammelter Geist ist ruhig und entspannt und damit ohne Angst. Ein klarer Geist ist wach und damit fähig zur Einsicht. Meditationsübungen zeigen uns einen Weg, wie wir gleichzeitig wach und entspannt, klar und ruhig, aufmerksam und ohne Angst sein können.

Auch im normalen Alltag kennen wir Momente der wachen Aufmerksamkeit, die aber meist mit etwas Anspannung einhergehen. Entspannen wir uns am Feierabend, nimmt meist die Aufmerksamkeit und das Interesse an präziser Wahrnehmung ab. Wir sind entweder wach und angespannt oder entspannt und träge. Meditation hingegen ist der Königsweg zum angstfreien Wachsein. Sind wir mit einer Meditationstechnik durch stete Übung vertraut, erleben wir erste Momente klarbewußter Gegenwärtigkeit verbunden mit tiefer Ruhe und innerem Frieden. Dann wissen wir aus eigener Erfahrung, worum es bei der Übung geht und gewinnen Vertrauen in unsere Fähigkeit zur Entspannung und

Einsicht. Solche Momente motivieren zur weiteren Übung, sie schenken uns das unerschütterliche Vertrauen, daß wir den Weg gehen können. Damit haben wir den langen Atem, den wir brauchen, um schwierige Zeiten mit Humor, Geduld und Ausdauer durchstehen zu können. Durch kontinuierliche Übung werden solche Momente länger und häufiger, und hin und wieder spüren wir sie sogar im Alltag, in der Bewegung und im Tun.

3 Freude am Leben:
Umgehen mit Gefühlen

Ein Leben als Mensch gilt im Buddhismus als die beste Voraussetzung, Ursachen für Glück zu schaffen und Ursachen für Leid zu vermeiden. Warum? Weil wir als Menschen verglichen mit anderen Lebewesen im allgemeinen eine besonders günstige Mischung von Leid und Glück erleben. Die Erfahrung von Leid regt uns an, über unser Leben nachzudenken, und die Erfahrung von Glück gibt uns den Raum, es auch zu tun. Wir wissen aus eigenen Erfahrungen, daß Menschen, die sehr viel leiden, im allgemeinen wenig Raum und Motivation für Selbsterkenntnis haben und daß Menschen, die von einem Sinnesgenuß zum nächsten taumeln, kaum Interesse an den großen Lebensfragen entwickeln.

Ein Leben als Mensch ist dann kostbar, wenn wir uns nach Selbsterkenntnis sehnen und uns auch darum bemühen. Es ist aus drei Gründen kostbar: (a) Es ist *selten*, weil es verglichen mit anderen Lebewesen wie Tieren relativ wenig Menschen gibt. Und es gibt nur relativ wenig Menschen, die großes Interesse an einer inneren Entwicklung haben. Es ist kostbar, weil (b) es nicht einfach ist, die *Ursachen* für ein Leben als Mensch zu schaffen. Nur ein ethisches Leben und der tiefe Wunsch nach Selbsterkenntnis führten zu einem weiteren Leben als Mensch. Und es ist auch deshalb so kostbar, weil wir (c) damit unendlich *viel Gutes* bewirken und Ursachen für viele Arten von Glück für uns selbst und für andere schaffen können.

Die Tradition beschreibt viele Arten des Glücks. Einige kennen wir aus unserem Alltag. Ayya Khema faßt sie in »vier Ebenen des Glücks« zusammen: Sinnesfreuden, das offene Herz, Sammlung und Einsicht.[9] Wir können das alltägliche Glück der angenehmen Gefühle erleben, unser Herz für Liebe, Mitgefühl, Mitfreude und

Gleichmut öffnen, das Glück tiefer Sammlung erleben und schließlich das höchste Glück der tiefen Einsicht in die Wirkungsmechanismen von Glück und Leid. Diese Einsicht führt zur Befreiung von allem Leid und zum Erwachen aus allen Formen von Unwissenheit.

Sinnesfreuden

Immer wenn wir etwas sehen, hören, riechen, schmecken, berühren oder denken, entstehen Gefühle. Das heißt, wir bewerten das, was geschieht, als angenehm, unangenehm oder neutral. Meist nehmen wir diese grundlegende Ebene von Gefühlsbewertung gar nicht wahr, sondern reagieren unbewußt und instinktiv mit emotionalen Mustern. Im allgemeinen glauben wir, die Quelle unseres Glücks liege im Kaffee, im Sonnenuntergang, in einem Lächeln oder in der Musik, die wir gerade hören. Durch unsere dualistische Wahrnehmung fühlen wir uns vom Objekt der Freude getrennt. So entsteht die Neigung, dieses Objekt festzuhalten. Wir halten an der scheinbaren Quelle unseres Glücks fest, verlangen nach mehr oder haben Angst, daß das Objekt der Begierde aus unserem Einflußbereich verschwindet und keine angenehmen Gefühle mehr weckt. Damit zerstören wir aber das angenehme Gefühl augenblicklich, und wir leiden, weil wir daran festhalten, aus Gier und Angst und ihren Folgen. Der Buddha nennt ein solches Verhalten ungeschickt und unweise.

Innen und Außen

Im allgemeinen gelten Sinnesfreuden als große Gefahr auf dem geistigen Weg, da Menschen dazu neigen, sich an dem Objekt, das die angenehmen Gefühle auslöst, festzuklammern. Zwei Einsichten helfen uns, nicht an den Sinnesobjekten festzuhalten: die Einsicht in das Zusammenwirken von Innen und Außen und die

Einsicht in die Mechanismen unserer Gefühle. Die Lehren beschreiben die *äußeren Umstände*, Menschen, Dinge als *sekundäre Bedingungen* für Gefühle und lenken unsere Aufmerksamkeit auf die *primären Ursachen*, unsere Stimmung und unseren biographischen Hintergrund, auf die derzeitige Befindlichkeit und die aktuellen Bedürfnisse und Wünsche, die emotionalen Muster, Ansichten, Wertvorstellungen, Erinnerungen und Gewohnheiten.

Begreifen wir, daß die *äußeren Objekte* lediglich *Aufhänger* für angenehme Gefühle sind, erfreuen wir uns an ihnen und richten den Großteil unserer Aufmerksamkeit auf unsere Empfindungen und Gefühle. Aber was genau sind Gefühle? Es sind kurzlebige angenehme, unangenehme und neutrale Empfindungen, die von einem Sinnesreiz oder von Gedanken ausgelöst werden. Sie können gar nicht andauern, nur immer wieder neu entstehen, wenn die Bedingungen stimmen. Äußere Umstände können auch nur die Gefühle auslösen, die wir potentiell in uns tragen. Was bei wem angenehme Gefühle auslöst, hat mehr mit dem eigenen biographischen Hintergrund zu tun als mit dem jeweiligen Objekt. In den Karma-Lehren wird gesagt, daß alles Handeln Folgen nach sich zieht, und daß wir diese Folgen in Form von Gefühlen erleben. Unheilsames Handeln reift diesen Lehren zufolge in unangenehmen Gefühlen und heilsames Handeln in angenehmen Gefühlen. Neutrales Handeln zieht neutrale Gefühle nach sich. Mehr darüber im nächsten Kapitel über »Karma«.

Unsere aktuelle Stimmung und unser biographischer Hintergrund tragen in einem hohen Maß zu unseren Gefühlen bei. Wir können wieder mit einem Zahlenbeispiel experimentieren, das zwar nicht in den heiligen Schriften steht, uns aber zur Selbsterkenntnis motivieren kann. Fünfundneunzig Prozent der Ursachen für Gefühle bringen wir mit in die Situation. Der äußere Aufhänger leistet mit fünf Prozent einen wichtigen, aber dennoch sehr bescheidenen Beitrag. Gehen wir einmal davon aus, daß dieses Zahlenverhältnis stimmt. Je nach Geschlecht, Kultur, Schicht und Temperament können wir in eine von zwei Fallen geraten: Schuldgefühle oder Größenwahn. Sind wir nicht besonders selbstsicher, neigen wir zu Schuldgefühlen. Dann meinen wir bei unangenehmen Gefühlen, wir seien selbst schuld, werden noch unsicherer und verlieren jeden Mut zum Handeln. Neigen wir zu Überheblichkeit, entwickeln wir die Haltung des »lonesome cowboy«, der mit allem allein fertig werden muß und kann. Den goldenen Mittelweg finden wir nicht durch langes Nachdenken, sondern nur durch geduldiges Ausloten der Extreme, durch Ausprobieren und Experimentieren. Dann suchen wir die äußeren Umstände, die unsere Stärken fördern und vermeiden oder reduzieren die Bedingungen, die unsere Schwächen hervorlocken. Wir tun das im Wissen, daß die Stärken und Schwächen in uns liegen und wir mit ihnen arbeiten können und müssen.

Übung: Innen und Außen

Im Anschluß an eine gefühlsbetonte Situation nehmen wir uns einige Minuten Zeit und gehen die mitwirkenden Faktoren im einzelnen durch:

Frage dich: Was war Aufhänger für meine Gefühle? Eine Geste, ein Wort, ein Satz, eine fehlende Geste?

Wie war meine Stimmung unmittelbar vor dieser Situation? War ich ausgeschlafen oder müde, hatte ich gute Laune oder war ich gerade sehr verspannt? Was habe ich erwartet? Was habe ich mir gewünscht? Wovor hatte ich Angst?

Wie sieht mein biographischer Hintergrund aus? Gab es ähnliche Konflikte mit der gleichen Person oder anderen? Gibt es eine Vorgeschichte zu diesem Thema?

Kannst du deinen eigenen Beitrag spüren? Kannst du spüren, wie du mit deiner Stimmung und deinem biographischen Hintergrund den Haken lieferst, mit dem du dich an der äußeren Situation aufhängst?

Haben wir viele einzelne Situationen mit Hilfe dieser Fragen untersucht, wird uns deutlich, in welch hohem Maße wir unser

Leben durch die eigene Befindlichkeit mitgestalten. Recht verstanden reduzieren diese Übungen unsere Neigung, uns als Opfer von Umständen zu fühlen. Damit gewinnen wir mehr Spielraum und fassen Mut, die Bedingungen zu suchen und zu schaffen, die uns fördern und diejenigen zu vermeiden, die uns irritieren.

Manchmal dominiert eher unsere Stimmung, manchmal eher unser biographischer Hintergrund. Sind wir sehr gut erholt und gut gelaunt, können uns selbst schwierige Umstände nicht aus der Ruhe bringen. Stehen wir sehr unter Druck, sind wir gereizt oder müde, können uns selbst Kleinigkeiten irritieren. Manchmal holt uns auch ein alter ungelöster Konflikt ein. Werden sehr unbewußte alte Muster angesprochen, kann auch eine recht stabile gute Stimmung in Sekunden kippen und Verzweiflung, Ärger und Mutlosigkeit Platz machen. Durch wiederholtes Untersuchen alltäglicher Irritationen entwickeln wir mit der Zeit ein gutes Gespür für unsere inneren Prozesse und lernen mit ihnen umzugehen.

Tägliche Übung: Einsicht und Entspannung

Innenschau braucht Übung. Am besten üben wir uns täglich darin. Geben wir uns regelmäßig Raum für Selbsterkenntnis, werden wir mit unseren Verhaltensmustern und Reaktionsmechanismen vertraut. Können wir mit unseren Stimmungen besser umgehen, sie aufhellen und uns entspannen, erleben wir mehr angenehme Gefühle. Es entsteht Raum, uns alten Konflikten zuzuwenden und sie aufzuarbeiten. Manchmal glauben wir, wir müßten einen Konflikt unbedingt sofort lösen, uns aussprechen, selbst wenn wir selbst oder die anderen Beteiligten gerade sehr aufgeregt und irritiert sind.

Wir packen schwierige Themen leichter an, wenn wir in einer einigermaßen ausgeglichenen Stimmung sind. Selbst sehr große Probleme sehen dann weniger schwierig aus. Sind wir ruhig und gefaßt, entspannt und klar, haben wir mehr Raum, die einzelnen mitwirkenden Faktoren zu erkennen. Außerdem funktioniert Intuition nur dann, wenn wir entspannt und wach sind. Selbst sehr kluge Menschen werden also dümmer, wenn sie aufgeregt, traurig oder wütend sind.

Gefühle verwandeln

Unser ganzes Leben ist bestimmt von Gefühlen. Sie sind ein wunderbarer und notwendiger Mechanismus, der uns hilft, Gefahren für Leib und Leben zu erkennen und sie zu umgehen. Wir müssen spüren, daß Wasser zu heiß oder zu kalt, eine Nadel spitz und eine Speise zu scharf, ein Geräusch zu laut und ein Licht zu hell ist. Alle Lebewesen erleben Gefühle, auch Buddhas. Buddhas und gewöhnliche Sterbliche unterscheiden sich allerdings durch die Art und Weise, wie sie mit Gefühlen umgehen. Buddhas reagieren auf Gefühle nicht automatisch mit aufgewühlten Emotionen. Wohingegen wir uns an angenehmen Gefühlen festhalten oder mit Gier und Angst reagieren. Auf unangenehme Gefühle reagieren wir jedoch mit Abwehr, Ablenken und Verdrängen und auf neutrale Gefühle mit Gleichgültigkeit. Durch diese Reaktionen verschwinden angenehme Gefühle sofort wieder, unangenehme Gefühle werden noch unangenehmer, neutrale Gefühle stärken Ignoranz und Desinteresse und lassen uns fünfundneunzig Prozent der Welt übersehen.

Gehen wir mit unseren Gefühlen klug um, weisen sie uns den Weg aus dem tödlichen Kreislauf von Erwartungen und Enttäuschungen. Wir müssen allerdings begreifen, daß wir durch unsere Stimmung und unseren Hintergrund zu unseren Gefühlen beitragen: Nur weil ich Kaffee mag, löst er angenehme Gefühle aus. Nur weil ich Zugluft nicht mag, stört mich das offene Fenster. Nur weil ich intelligente Vorträge, eine Person oder eine Thema schätze, genieße ich die Begegnung. Und umgekehrt.

Angenommen wir fühlen uns wohl: »Der Kaffee schmeckt gut, die Blumen duften herrlich. Du bist wunderbar, was für ein inspirierendes Buch.« Was heißt jetzt, klug mit angenehmen Gefühlen umgehen? Wir können uns einfach freuen, daß alle notwendigen Bedingungen zusammengekommen sind. Anlaß, Stimmung und Hintergrund passen wunderbarerweise zusammen und erzeugen angenehme Gefühle. Freude und Dankbarkeit sind heilsame Gemütszustände, die per definitionem von angenehmen Gefühlen begleitet werden und weitere angenehme Gefühle nach sich ziehen.

Lama Thubten Yeshe bezeichnete Freude und Mitfreude als den einfachsten Weg zum Erwachen, als den Weg der Faulpelze zum inneren Frieden. Er gab Menschen, die nicht gern formell meditieren, einen einfachen Rat. Er empfahl ihnen, sich entspannt in eine Hängematte oder aufs Sofa zu legen und sich über das eigene Glück und das von anderen zu freuen und ihnen alles nur erdenklich Gute zu wünschen. Man kann auch an Menschen denken, die man schätzt oder die einem geholfen haben, und sich über sie freuen. So schult man den Geist ohne große Anstrengung in Dankbarkeit, Freundlichkeit und Großzügigkeit. Man fängt einfach damit an und weckt so ohne großen Aufwand angenehme Gefühle.

Ähnlich einfach funktioniert die Haltung der liebevollen Hinwendung zu anderen Menschen. Im Buddhismus wird Liebe als eine Haltung definiert, aus der heraus wir uns und anderen Gutes wünschen. Eine klassische Formulierung lautet: »Mögen alle Wesen glücklich sein.« Wir können angenehme Gefühle mit allen Sinnen, mit Herz und Verstand genießen und uns daran freuen. Dann richten wir die Aufmerksamkeit auf andere Menschen und denken: »Mögen sich alle Menschen, die jetzt in diesem Augenblick auch gerade essen, trinken, die Sonne oder die Wärme genießen, Musik hören, etwas verstehen oder beschenkt werden, genauso wohl fühlen wie ich.«

Sind wir vertraut mit dieser Art von Denken, nehmen wir

immer genauer wahr, daß andere Menschen vielleicht andere Bedürfnisse haben als wir, sich über andere Dinge freuen und andere Aufhänger für ihr Wohlergehen brauchen. Diese Übung stärkt nicht nur unsere Fähigkeit zur Freude und unsere Großzügigkeit, sondern schult auch unser Einfühlungsvermögen.

Mitgefühl und Interesse

Bei unangenehmen Gefühlen: »Der Kaffee schmeckt grauenhaft, dieser ewige Regen, du verstehst mich nicht, du hörst mir nicht zu«, entwickeln wir meist Abneigung gegen die vermeintliche Quelle unseres Leidens. Dadurch verstärken sich die unangenehmen Gefühle, vor allem dann, wenn es uns nicht gelingt, den Anlaß für unser Leiden aus unserem Gesichtskreis oder unseren Gedanken zu verjagen. Da unangenehme Gefühle zum Leben gehören – das ist die erste Edle Wahrheit – und Abwehr, Verdrängen und Ablenken nicht zum Abklingen unangenehmer Gefühle führen, schlägt die Tradition etwas anderes vor, nämlich Mitgefühl. Mitgefühl bedeutet, Leiden spüren und davon frei werden wollen. »Mögen alle Wesen frei sein von Leiden und den Ursachen von Leid«, lautet eine klassische Formulierung dafür.

Wenn wir also unter etwas leiden, wenn Dinge, Umstände, Menschen oder Gedanken unangenehme Gefühle in uns auslösen, üben wir Mitgefühl: Wir stellen uns dem eigenen Leiden und finden einen Bezug zum Leiden anderer. Wir können uns beispielsweise wünschen: »Möge ich frei sein von dieser inneren Unruhe oder diesem Zahnschmerz und mögen alle anderen Menschen, die jetzt in diesem Augenblick an Unruhe oder Zahnschmerzen leiden, ebenfalls frei davon sein.«

Um neutrale Gefühle überhaupt zu registrieren, brauchen wir viel Achtsamkeit und Übung. Wohlwollen und Interesse uns und der Welt gegenüber sind der Schlüssel dazu. Sie schützen uns vor Gleichgültigkeit und Desinteresse und öffnen uns für die vielen kleinen, oft übersehenen Freuden des Alltags die Augen.

4 Karma:
Neigung und Erfahrung

Wie kommt es, daß Erfahrungen, die wir vor langer Zeit gemacht haben, immer noch nachwirken? Jemand hat vor fünfzehn Jahren einen bestimmten Satz zu uns gesagt oder nicht gesagt, und noch heute schmerzt es, wenn wir daran denken. Wie kann das sein? Vorbei ist vorbei, denken wir, und doch tut die Erinnerung weh. Auch ohne in den Führerschein zu schauen, wissen wir, wie alt wir sind, und doch verhalten wir uns in bestimmten Situationen so, als seien wir gerade fünf Jahre alt und Mama oder Papa stünden neben uns.

Festhalten

Die Lehren erklären die lang anhaltende Nachwirkung bestimmter Erfahrungen mit dem Konzept des »Festhaltens«. In schlichten Worten: Wir halten bewußt und unbewußt an alten Erfahrungen fest. Wie funktioniert das? Wir halten an alten Gedanken fest und wiederholen alte Muster, mit unserem Verhalten und durch unsere emotionalen Reaktionen. Jede alte Wunde ist eigentlich eine Erinnerung, der Gedanke an ein lang zurückliegendes Ereignis, der *jetzt* gerade aufsteigt. Die Erinnerung stimuliert zwar Ansichten, Wertvorstellungen, emotionale Muster und sogar körperliche Reaktionen, doch ist sie selbst einfach ein Gedanke. Wir können lernen, Gedanken als solche zu erkennen und sie kommen und gehen zu lassen. So lernen wir mit der Zeit, uns von schädlichen Gewohnheiten, emotionalen Mustern, überzogenen Ansprüchen zu befreien und alte Wunden können heilen. Wir lassen schwierige Gedanken für Momente los und erleben in diesen Sekunden, daß wir nicht eins mit ihnen sind. Je häufiger und klarer wir Gedanken als Gedanken erkennen, desto leichter können wir negative Gedankenmuster loslassen und kreative Gedanken fördern.

Übung: Gedanken kommen und gehen

Setze dich stabil, aufrecht und bequem hin und spüre die rhythmischen Bewegungen des Atmens. Registriere, wenn du den Atem beeinflußt. Es reicht, wenn nur ein Teil der Aufmerksamkeit, vielleicht 20–30 Prozent, beim Atem bleibt.

Sinneswahrnehmungen geschehen: Du hörst Geräusche, spürst den Körper, registrierst einen Geschmack im Mund, riechst den Duft einer Blume. Du bemerkst: Sinnesempfindungen kommen und gehen.

Gedanken, Erinnerungen steigen auf: »Ich muß nachher noch die Wohnung saugen und X anrufen. Ob ich wohl Ostern eine Woche meditieren fahre?« Du bemerkst: Gedanken kommen und gehen.

Hin und wieder fühlst du dich offen und weit und nimmst einfach wahr, daß Sinnesempfindungen und Gedanken kommen und gehen. Ruhe in dieser Fähigkeit, in diesem offenen Gewahrsein.

Diese Dimension des offenen Gewahrseins ist immer da, sie ist in jedem Augenblick zugänglich, in dem wir die Aufmerksamkeit darauf richten. Du kannst diese Übung immer wieder für kurze Zeit durchführen, auch wenn du auf jemanden wartest oder beim Arbeiten eine kurze Pause einlegen willst. Sie wird leichter, je vertrauter du mit ihr wirst.

Handeln und seine Folgen

Karma heißt wörtlich Handeln, Tun. Im engeren Sinn meint es die Absicht hinter unserem Tun. Auch für die deutsche Rechtsprechung hängt die Schwere einer Tat von der Absicht ab, mit der sie ausgeführt wurde. Mundraub wiegt weniger schwer als heimtückischer, von langer Hand geplanter Raub. Jedes Tun, ob wir denken, reden oder körperlich handeln, hinterläßt Spuren in uns, die sich auf unser weiteres Handeln auswirken. Dieser Sachverhalt gilt zumindest für gewöhnliche Sterbliche wie uns. Buddhas handeln zwar auch, doch identifizieren sie sich nicht mehr mit ihrem Handeln und hinterlassen deshalb keine Spuren. Unser Handeln gleicht dem Gang einer vollbeladenen Person über eine frischbetonierte Fläche: Man sieht jeden Schritt, und die Eindrücke halten sehr lange an. Das Handeln der Buddhas hingegen gleicht dem Flug eines Vogels am Himmel. Vorher und nachher ist der Himmel wolkenlos blau.

In den Karma-Lehren werden vier Folgen des Handelns beschrieben. Es heißt dort, jede vollständige Handlung[10] reift auf vier Ebenen: im Bereich der Wiedergeburt (als Mensch oder Tier, Dämon oder Deva), als Bedingung im Bereich der Wiedergeburt (als Schmusekatze in Deutschland oder als Straßenköter in Indien), als Neigung und als Erfahrung. Da das Thema Wiedergeburt außerhalb der Erfahrung der meisten Menschen liegt, oder mit vielen Vorurteilen belastet ist, soll an dieser Stelle nur über die für uns nachvollziehbaren Folgen unseres Handelns gesprochen werden, nämlich *Neigung* und *Erfahrung*.[11]

Je mehr du etwas tust ...

Immer wenn wir etwas tun – ob wir essen, rauchen, lesen, Musik hören, schimpfen, lachen, einen bestimmten Gedanken verfolgen –, stärken wir die Bereitschaft, diese Handlung zu wiederholen. Dies ist die Folge von Handeln, die sich in der *Neigung* zu einem bestimmten Tun äußert. Dieser Mechanismus ist die Grundlage jeder Art von Lernen – und von jeder Gewohnheit. Übung macht die Meisterin, heißt es. Weil jedes Tun Spuren hinterläßt, können wir bestimmte Tätigkeiten durch Wiederholung immer besser ausführen; so lernen wir als Kinder schreiben, singen, rechnen, basteln und malen und später alles, was wir fürs Leben brauchen, mehr oder weniger zumindest. Einmal ist keinmal, denken wir, wenn wir etwas tun, was wir eigentlich nicht für richtig oder sinnvoll halten. Später wundern wir uns, warum wir immer wieder so handeln. Wir begreifen, daß die alte Ausrede – einmal ist keinmal – nicht stimmt, denn aus *einmal* wird schnell *immer.*

Wir können diesen Mechanismus bewußt einsetzen und uns schlechte Gewohnheiten abgewöhnen und dafür gute annehmen. Die Tradition ist sehr optimistisch und geht davon aus, daß es nichts gibt, was wir nicht lernen können, wenn wir damit anfangen. Positiv formuliert: Wir können alles lernen! Wir können sogar Buddha werden. Allerdings müssen wir uns dafür einsetzen und aktiv werden, nachdenken allein reicht nicht. Eine moderne Weise formulierte es so: »Je mehr du etwas tust, desto mehr tust du es!«[12] Und vice versa. Je häufiger wir etwas tun, desto häufiger tun wir es. Je seltener wir etwas tun, desto seltener tun wir es. Das gilt für gute wie für schlechte Gewohnheiten.

Übung: Einmal ist immer

Denke an eine schlechte Gewohnheit, die dir das Leben schwermacht. Vielleicht neigst du dazu, deine Fähigkeiten zu unterschätzen. Vielleicht redest du gerne über die Schwächen anderer. Vielleicht kannst du nicht nein sagen, auch wenn du dich häufig überfordert fühlst. Vielleicht neigst du dazu, darüber zu jammern, welche guten Gelegenheiten du in deinem Leben nicht genutzt hast. Erinnere dich an eine typische Situation, mit so vielen Einzelheiten, wie du brauchst, um das Gefühl des Unwohlseins deutlich zu spüren.

Experimentiere nun mit unterschiedlichen Sätzen und Begriffen, bis du die Worte findest, die eine neue erwünschte Haltung beschreiben. Sage dir beispielsweise:

»Ich habe viele Fähigkeiten: Ich kann ...«

»Diese Aufgabe kann ich leider nicht übernehmen.«
»Ich habe heute eine Verabredung mit mir selbst.«
»Ich habe ganz viel Zeit.«
Sage deinen Satz mehrmals still vor dich hin. Spiele mit der neuen Haltung Situationen durch, in denen sich sonst die alte Gewohnheit zeigt, und zwar so oft, bis dir die neue Haltung vertraut ist.

Die Umwelt als Spiegel

Die zweite Spur, die unser Handeln hinterläßt, sind ähnliche *Erfahrungen*. Wir neigen dazu, in der Außenwelt vor allem die Dinge, Umstände und Menschen zu bemerken, die unserer inneren Struktur entsprechen und vor allem das wahrzunehmen, was wir selbst tun. Positiv wie negativ. Wir »ziehen« sozusagen Umstände »an«, die unserer Struktur entsprechen und sie fördern. Wir begegnen Menschen, die sich für die gleichen Dinge interessieren. Wer gerne gut ißt, findet leicht ein gutes Restaurant und umgibt sich mit Menschen, die ebenfalls gern essen. Wer sich »gern« ärgert, gerät an hitzige Zeitgenossen, und findet immer einen Anlaß, sich herumzustreiten. Hier weiß der Volksmund: Wie man in den Wald hineinruft, so schallt es heraus. Was man sät, das erntet man.

Manchmal ist nicht so leicht zu erkennen, was ein irritierendes Verhalten mit uns zu tun hat, da sich die Menschen in unserer Umgebung scheinbar völlig gegensätzlich verhalten. Angenommen, wir ärgern uns häufiger über eine unordentliche Kollegin. Sind wir vielleicht selbst etwas penibel? Sind wir auf unser eigenes System fixiert? Oder sind wir in bestimmten Bereichen ebenfalls unordentlich und haben deshalb ein schlechtes Gewissen? Erinnert uns die unordentliche Kollegin an diesen Schwachpunkt, den wir an uns selbst ablehnen? Oder haben wir uns eine gewisse Nachlässigkeit gerade mühevoll abgewöhnt?

Der Buddhismus spricht deshalb von der Welt als einem

Spiegel. Ayya Khema sagt kurz und bündig: »Die Umwelt ist ein Spiegel und kein Fenster.«[13] Wir können diese Anregung aufnehmen und unsere Alltagswelt einmal unter diesem Blickwinkel anschauen.

Übung: Du nervst!

Frage dich: Was irritiert mich an meinen Mitmenschen, was stört mich, und was empfinde ich als unangenehm?

Frage dich dann: Was könnte das mit mir zu tun haben? Wo handle ich ähnlich? Wo völlig anders?

Denke dann an eine Erfahrung im Außen, die dir besonders unangenehm ist. Was hat sie mit dir zu tun?

Frage dich: Was könnte ich in den nächsten Tagen tun oder lassen, um mein eigenes Verhalten so zu verändern, daß ich diese Erfahrung nicht mehr anziehe?

5 Ethik der Achtsamkeit:
Die Wunderbaren Richtlinien

Am Anfang des geistigen Weges stehen in vielen Religionen ethische Richtlinien. Buddhistisch interpretiert, schärfen wir damit unsere Aufmerksamkeit. Wofür? Im Christentum achtet man auf »Gedanken, Worte und Werke« und im Buddhismus auf Körper, Rede und Geist. Die buddhistische Tradition empfiehlt ihren Laienanhängerinnen und -anhängern fünf Übungsfelder. Fünf Handlungen sind zu vermeiden und fünf Handlungen einzuüben. Man will nicht töten, sondern Leben schützen; nichts nehmen, was nicht gegeben wurde, sondern Großzügigkeit üben; nicht lügen, sondern das sagen, wovon man weiß, daß es wahr ist; sich selbst und andere nicht durch sexuelles Verhalten verletzen (und sich nicht verletzen lassen), sondern bestehende Beziehungen schützen und achten; und schließlich den eigenen Geist nicht mit Alkohol oder Drogen berauschen, sondern durch Einsicht und Sammlung klären.

Ordinierte Mönche und Nonnen orientieren sich an denselben Richtlinien; diese werden lediglich differenzierter formuliert. Der vietnamesische Meister Thich Nhat Hanh nennt sie die Wunderbaren Richtlinien, weil sie uns den Weg in ein einfaches und glückliches Leben weisen.[14]

Heilsames und unheilsames Handeln

Warum sollen wir uns bemühen, bestimmte Handlungen zu vermeiden und statt dessen andere einüben? Wir sollen das vermeiden, was Leid bringt und das tun, was alle Beteiligten glücklich macht. Man nennt Handlungen dann unheilsam, wenn sie zu Leid führen, und heilsam, wenn sie zum Heil führen. Wie weiß man, was zu Glück und was zu Leid führt? Man kann das eigene Verhalten beobachten und schauen, was für Folgen es nach sich zieht. Wenn es unangenehme Gefühle hervorruft, war es unheilsam, und wenn es angenehme Gefühle mit sich bringt, war es heilsam. Mit der Zeit entwickelt man dafür ein feines Gespür und klares Unterscheidungsvermögen. Durch immer differenzierteres Wahrnehmen lernt man eingefahrene Verhaltens- und Reaktionsmuster von Wohlbefinden zu unterscheiden.

Wir beobachten, mit welcher Einstellung wir handeln. Es heißt: Handlungen, die von Gier, Haß und Verblendung motiviert sind, ziehen erfahrungsgemäß Leiden nach sich. Handeln wir aber aus Großzügigkeit, Liebe, Mitgefühl und Klarheit, rufen wir erfahrungsgemäß angenehme Gefühle hervor. Häufig sind wir uns jedoch über unsere Motive nicht im klaren oder diese sind sehr vielschichtig: Wir sind nicht besonders aufmerksam und wach, und es fällt uns daher schwer, genau herauszufinden, mit welcher Einstellung wir handeln und welche Folgen zu welchem Verhalten gehören.

Hier können uns ethische Richtlinien helfen. Sie empfehlen bestimmte Handlungen zu vermeiden, die erfahrungsgemäß Leid bringen, und die Handlungen einzuüben, die erfahrungsgemäß zu Glück führen. Die oben genannten fünf ethischen Richtlinien finden sich mehr oder weniger in allen Religionen und prägen auch säkulare Gesellschaften. Zwar werden Ehebruch und Vollrausch heute nicht mehr vom Staat bestraft, es sei denn man begeht im Vollrausch eine Straftat, sie gelten aber bei den meisten Menschen nicht als vorbildlich. Die katholische Kirche exkommuniziert allerdings heute noch Menschen, die nach der Scheidung eine zweite Ehe eingehen. Nach christlich geprägtem Rechtsverständnis wird zwar das Töten von Menschen in Friedenszeiten bestraft, das massenhafte Töten von Tieren für die Fleischproduktion ist aber gestattet und wird sogar häufig subventioniert. Und immer noch segnen christliche Priester Waffen und Soldaten im Kriegsfall.

Im Buddhismus wird das Töten von Tieren dagegen grundsätzlich negativ bewertet. Mit Waffen handeln, Tiere töten und der Soldatenberuf gelten als unrechter Lebenserwerb. Tierschutz wird empfohlen, und in Asien kaufen viele Menschen an hohen buddhistischen Feiertagen Schlachttiere auf und setzen sie frei. Trotzdem sind nicht alle Buddhisten Vegetarier, und auch in Ländern mit überwiegend buddhistischer Bevölkerung gibt es Soldaten und sogar Mönche und buddhistische Lehrer, die unter bestimmten Umständen Kriege rechtfertigen. Das bewußte Töten von Tieren und Menschen gilt aber allgemein als karmisch negative Handlung.

Schlaf nicht wieder ein!

Man kann sich an traditionell überlieferten ethischen Richtlinien orientieren, das ersetzt aber nicht die Aufmerksamkeit für das eigene Verhalten und seine Folgen. Ein kurzer Spruch faßt die Essenz der Lehren des Buddha zusammen: Tu Gutes, meide das Böse und erkenne deinen Geist. Dies beschreibt gleichzeitig die drei Aspekte ethischen Verhaltens: Heilsames tun, Unheilsames lassen und Wachwerden. Bei der Übung ist die Reihenfolge allerdings genau umgekehrt. Zuerst müssen wir merken, was wir tun. Dann versuchen wir anderen keinen Schaden mehr zuzufügen, und schließlich gelingt es uns, heilsam zu handeln und anderen Gutes zu tun. Viele Lehrende dämpfen den geistigen Übermut von Menschen, die gerade mit dem Weg beginnen und gleich die ganze Welt retten wollen. Zuerst sollten wir uns bemühen, anderen weniger Schaden zuzufügen.

»Erkenne deinen Geist.« Das ist die Hauptfunktion einer jeden Ethik. Sie soll uns wachrütteln. Im Spiegel von ethischen Richtlinien oder Empfehlungen erkennen wir, wie und warum wir uns verhalten und wohin das führt. Wir beobachten, was wir tun, sagen und denken und entdecken mit der Zeit die Einstellung hinter unserem Handeln. Erkennen wir dann noch, wie sich unser

Verhalten auf uns und andere auswirkt, sind wir bereit, tatsächlich etwas zu verändern. Wir brauchen viel Einsicht, Geduld und Kraft, wenn wir unheilsames Verhalten abbauen und heilsames einüben wollen. Uns in eingefahrenen Bahnen zu bewegen, fällt uns allen leichter. Die Macht der Gewohnheit ist unendlich groß, und nur mit Einsicht und geduldigem Üben können wir etwas dagegen ausrichten.

Einsicht ist deshalb so wichtig, weil wir begreifen müssen, warum eine Handlung unheilsam oder schädlich und warum andere Handlungen heilsam oder förderlich sind. Wir müssen verstehen, wie unser Tun und seine Auswirkungen zusammenhängen. Erst diese Einsicht bildet eine tragfähige Grundlage für ethisches Verhalten. Ohne Einsicht vermeiden wir bestimmte Handlungen höchstens aus Angst vor Strafe, aus Anpassung oder Gewohnheit. Lama Thubten Yeshe hatte nicht viel übrig für laue brave Übende und meinte: »Manche Leute sind einfach zu schwach und träge, um negativ zu handeln. Das ist noch lange nicht heilsam. Wer richtig negativ handeln kann, hat auch die Kraft, umzukehren und wirklich Gutes zu tun.« Er war selbst ein sehr vitaler Mann und schätzte die Gestalt des Saulus, der zum Paulus wurde und hatte endlose Geduld mit seinen wilden Hippie-Schülerinnen und -Schülern.

Eine fruchtbare Ergänzung der fünf ethischen Richtlinien sind die zehn Empfehlungen: Wir bemühen uns zehn unheilsame Handlungen zu vermeiden und statt dessen die zehn entsprechenden heilsamen Handlungen zu üben. Sie sind eine erweiterte Fassung der fünf ethischen Richtlinien und nach den »drei Toren« Körper, Rede und Geist geordnet. Sie zeigen eine Stufenfolge zunehmender Subtilität. Die drei bereits genannten Handlungen des Körpers – Wir bemühen uns (1) nicht zu töten (2), zu stehlen und (3) niemanden durch unser sexuelles Verhalten zu verletzen – sind am leichtesten zu erkennen und zu vermeiden, sofern wir einsehen, worin ihre Schädlichkeit liegt. Darüber hinaus bemühen wir uns in vier Bereichen um »rechte Rede«: (4) nicht lügen, sondern die Wahrheit sprechen (5); nicht schlecht über andere reden, sondern auf ihre guten Seiten hinweisen; sie (6) nicht mit Worten oder Schweigen verletzen, sondern sie ermutigen und fördern und ihre Beweggründe und Verhaltensweisen verstehen; und schließlich (7) unsere Zeit nicht mit nutzlosem Gerede vertun, sondern das sagen, was hilfreich, wahr und heilsam ist. Wir versuchen nach besten Kräften, jeweils den rechten Zeitpunkt für Gespräche abzuwarten und anderen nicht unerbetene Ratschläge zur falschen Zeit um die Ohren zu schlagen. Die feinste Ebene von rechtem Handeln mit Körper, Rede und Geist bezieht sich auf unser Denken und unsere Absichten. Wir versuchen »vergiftete« Einstellungen zu vermeiden und weder aus (8) Habgier oder (9) Abneigung noch (10) rigide und dogmatisch zu handeln. Statt dessen bemühen wir uns um Großzügigkeit und Wohlwollen, um Klarheit und Offenheit. In ihrer entfalteten Form sind das die Grundeigenschaften aller Buddhas, nämlich Liebe, Kraft und Weisheit.

Ein Weg der Übung und nicht der Vorschrift

Wenn wir uns die fünf oder zehn Richtlinien einmal in Ruhe betrachten, wird deutlich, daß es sich um Übungsfelder handelt und nicht um Vorschriften. Wollen wir sofort alles »richtig« machen, werden wir jämmerlich scheitern und ethische Richtlinien bald als altmodische und rigide Ideale beiseite legen. Es sind Übungsfelder, die uns helfen, unser Verhalten genau wahrzunehmen. Lama Thubten Yeshe empfahl folgendes Herangehen: Wenn man das von den ethischen Richtlinien (Skt. *shila*) beschriebene Verhalten richtig findet und anstrebt, ist man bereit, diese methodisch zu üben. Man kann allein oder mit einer Person des Vertrauens eine kleine Zeremonie durchführen und dabei versprechen, diese Richtlinien zur Übung des Lebens zu machen.

Im Spiegel der ethischen Richtlinien wird man tagtäglich merken, daß man lügt, Dinge nimmt, die einem nicht gegeben wurden, über andere schlecht redet usw. Aber man merkt es. Das gibt den Raum, mit Einsicht, Geduld und Ausdauer unheilsames Verhalten zu reduzieren und heilsames Verhalten einzuüben. Lama Thubten Yeshe empfahl immer wieder, sich in erster Linie darüber klarzuwerden, warum ein bestimmtes Verhalten schädlich ist: »Wenn ihr das einmal versteht, seid ihr bereit, Mittel und Wege zu suchen, dieses Verhalten einzuschränken. Wenn ihr euch nur anpaßt, haltet ihr nicht lange durch.«

Ein Wort der Vorsicht

Manchmal landen wir bei der Arbeit mit ethischen Regeln auf dem Holzweg: Nicht das Wachwerden steht dann im Vordergrund, sondern die Anpassung an ein äußeres System und der Wunsch, brav zu sein. Wir werden unlebendig und verbiestert und fangen an, das Verhalten von anderen immer schärfer zu be- und verurteilen. Ethische Regeln sollen uns aufmerken lassen, uns aufwecken aus dem Schlaf oder Dämmerzustand eines eingefahrenen und unbewußten Verhaltens. Es geht nicht darum, sich mit einem abstrakten Ideal zu identifizieren, an dem wir dann vor allem die anderen messen.

Ein ethisches Leben hilft uns, immer genauer wahrzunehmen, wie wir handeln, und es gibt uns die Kraft, Heilsames zu tun. Unser Leben wird einfacher und klarer, wir haben mehr Energie, und Sammlung und Konzentration fallen leichter. Mit einem wachen und gesammelten Geist wird unsere Einsicht in die Gesetze der Wirklichkeit immer tiefer und folgenreicher.

Solange wir relativ unbewußt sind und eingefahrene Gewohnheiten unser Leben bestimmen, steht die Arbeit mit den fünf oder zehn Empfehlungen im Vordergrund. Sehen wir deutlicher, was wir tun, sagen und denken, arbeiten wir verstärkt an unserer Einstellung. Für das Leben mit anderen Menschen gibt die mündliche Tradition des tibetischen Buddhismus *einen* Ratschlag: »Die Lehren sind in erster Linie für uns selbst gedacht. Im Spiegel der Lehren überprüfen wir unser Handeln, Reden und Denken.

Anderen Menschen gegenüber üben wir uns in Liebe, Mitgefühl, Freude und Mitfreude und Gleichmut.«

Selbst wenn uns andere wehtun, sollten wir zumindest darüber nachdenken, warum sie das wohl tun. Die Tradition geht davon aus, daß niemand aus schierer Bosheit handelt, sondern höchstens aus Dummheit, weil er leidet und es nicht besser weiß. Auch mit einer solchen Einsicht kann man – natürlich voller Mitgefühl – geeignete Maßnahmen ergreifen, und sich vor der Dummheit anderer und ihrem schädlichen Verhalten wirksam schützen. In der tantrischen Tradition heißt das »zorniges« oder »kraftvolles« Mitgefühl. Mit Mitgefühl im Herzen ergreift man die Mittel, die der Situation angemessen sind. Dazu kann auch einmal lautes Brüllen und Türenknallen gehören. Das klassische Beispiel für »kraftvolles Mitgefühl« sind Eltern, die ihr geliebtes Kind auch einmal mit einem kräftigen Klaps vor Gefahr schützen.[15]

Alte und neue Ethik

Tiefenpsychologie und Kulturphilosophie beschreiben eindringlich, was an Problemen auftauchen kann, wenn abendländische Menschen von heute ihr Heil in mittelalterlichen Religionsformen suchen, ob sie nun Christentum oder Buddhismus heißen.[16] Der Kulturpsychologe Erich Neumann spricht in diesem Zusammenhang von alter und neuer Ethik.[17] Da sich die alte Ethik an patriarchalen Werten orientiert und in der neuen Ethik Erfahrungen und Werte von Frauen mehr Raum haben, möchte ich Neumanns Ansatz hier kurz vorstellen.

Die *alte Ethik* arbeitet mit Bildern der Vollkommenheit und der *bewußten Unterdrückung* des Negativen; sie hat damit *asketische* Tendenzen. Die bewußte Unterdrückung bestimmter Neigungen kann durch die Akzeptanz des damit verbundenen Leidens seelisch verarbeitet werden. Sobald Verdrängung an die Stelle bewußter Unterdrückung tritt, ist die seelische Gesundheit in Gefahr. Dies ist bei vielen heutigen Menschen der Fall.

»Die *neue Ethik* steht unter dem Zeichen der größeren Einsicht, totaleren Wahrheit und illusionsloseren Erkenntnis der menschlichen Gesamtnatur.«[18] Beim modernen Menschen steht nicht die Unterdrückung negativer Tendenzen, sondern ihre *bewußte Integration* im Vordergrund, wie schwer das auch immer sein mag. Die tantrische Auffassung von der Arbeit mit allen Energien, positiven wie negativen, und die Mahayana-Lehren von der Nichtdualität, der Transzendierung von Gut und Böse in einer existentiellen Gesamtschau, scheint zu dieser neuen Ethik zu passen. Die Schulen des Buddhismus, die vor allem die Befolgung der ethischen Regeln betonen, scheinen eher der alten Ethik zu folgen.

Ob Neumann mit seinen Thesen über alte und neue Ethik in allen Punkten recht hat oder nicht, niemand kommt auf dem geistigen Weg darum herum, die eigenen Strukturen im Spiegel der Lehren sorgfältigst zu prüfen und sich vor bloßer Identifikation mit einem neuen Lehrsystem zu hüten.

Fallen und Hilfen

Wie üben wir, wenn wir uns selbst nicht kennen? Dann müssen die Lehren vom Loslassen herhalten, um Angst vor Nähe und Körperfeindlichkeit zu rechtfertigen, mit Leerheit kaschieren wir unsere Unwilligkeit, Standpunkte zu beziehen und auf unser Handeln zu achten. Mit dem Hinweis auf Mitgefühl ignorieren wir die Angst vor Auseinandersetzungen, und vor Anzeichen des Helfersyndroms schließen wir die Augen und rezitieren gute Wünsche zum Wohl aller Wesen. Das Bodhisattva-Ideal kann Allmachtsphantasien fördern und die wunderbaren Lehren von der Buddha-Natur Größenwahn und Überheblichkeit verstärken.

Es gehört zum Anfang der Übung, daß wir mit den Lehren eigene Strukturen zu stärken versuchen. Die kontinuierliche eigene Übung und ein verbindlicher Kontakt mit anderen Übenden und kompetenten Lehrerinnen und Lehrern fördert eine realistische Selbsteinschätzung. Unschätzbar wertvoll sind grundlegende

Achtsamkeitsübungen, die uns dabei unterstützen, alle Facetten unseres Erlebens wahrzunehmen: Körperempfindungen, einfache Gefühle und komplexe emotionale Reaktionen, Grundstimmungen und Gedanken.

Eine große Hilfe auf dem Weg ist die gründliche Kenntnis der eigenen Kultur, denn sie prägt unsere Herangehensweise an jeden geistigen Weg. Langjährig Übende und Lehrende aus dem Westen betonen immer wieder, daß man zwar für eine Weile mit großem Gewinn in eine fremde Kultur wie den Buddhismus eintauchen kann, sich aber nach einigen Jahren mit den eigenen Wurzeln – abendländische Philosophie und Christentum – auseinandersetzen muß.[19] Das ist besonders dann empfehlenswert, wenn man die eigene Kultur ablehnt und alles Gute auf den Buddhismus projiziert. Das bedeutet nun nicht, daß man sich als westliche Frau oder westlicher Mann nicht intensiv mit buddhistischen Lehren und Übungen befassen sollte und nicht großen Gewinn daraus ziehen kann. Solange man die eigene Kultur aber in Bausch und Bogen ablehnt, läßt man sich nicht wirklich auf die buddhistischen Lehren ein, sondern kokettiert bloß mit neuen Idealen.

6 Warum lebe ich?

Alle Menschen wollen glücklich sein und nicht leiden. Es gibt wohl niemand, die oder der nicht lieber reich und gesund, schön und beliebt, erfolgreich und anerkannt wäre, statt unter dem Gegenteil zu leiden. Der Wunsch nach Glück steht hinter allem Handeln, und er steht auch am Anfang des geistigen Weges. Der Buddha spricht vom Leiden, seinen Ursachen, der Möglichkeit, dem Leiden ein Ende zu setzen und tiefen Frieden zu erleben und dem Weg dorthin. Die meisten Menschen wenden sich der Meditation zu, weil sie sich davon etwas mehr Ruhe und Zufriedenheit versprechen. Sie wollen weniger leiden und mehr Glück erleben. Mit dieser Einstellung suchen wir nach Methoden und Bedingungen, die uns helfen, »uns in Samsara gemütlich einzurichten«.[20] »Schöner meditieren« nannte ein kluger Mann diese Haltung in einer bekannten Wochenzeitung.[21] Wäre das möglich, wäre nichts dagegen einzuwenden.

Auf der Suche nach Glück:
Die acht weltlichen Dinge

Wir suchen unser Glück in der Außenwelt und setzen alles daran, Menschen und Dinge, Umstände und Abläufe geschickt zu manipulieren. Solange es uns in erster Linie um Besitz, Status, Zuwendung und angenehme Gefühle geht, erleben wir immer wieder unangenehme Gefühle. Wir fühlen uns unwohl, wenn wir weniger Geld verdienen, unseren Arbeitsplatz, schöne Dinge oder unseren Besitz verlieren, alt oder krank werden, Kritik hören, Menschen uns ihre Zuneigung entziehen oder sie auch anderen zuwenden. Und wir schieben die Schuld an unserer Misere bestimmten Umständen oder Personen zu.

Sind wir auf bestimmte Düfte, Speisen und Klänge fixiert, hängen wir an einer bestimmten Ästhetik und fühlen wir uns nur bei bestimmten Temperaturen wohl, leiden wir, wenn diese Bedingungen nicht mehr gegeben sind. Richten wir unser Leben auf diese Art von Glück aus, kreisen wir verzweifelt um die »acht weltlichen Dinge«: Gewinn und Verlust, sozialer Status und Verachtung, persönliche Zuwendung und Zurückweisung und angenehme und unangenehme Sinneseindrücke. Solange es uns vor allem darum geht, etwas zu bekommen, bekannt zu werden, beliebt zu sein und uns gut zu fühlen, werden wir leiden, wenn das Gegenteil eintritt.

Diese Wünsche lösen sich nicht einfach auf, wenn wir uns einem geistigen Weg zuwenden. Und dann wundern wir uns, wenn die Übung nicht den gewünschten Erfolg bringt. Was läuft da verkehrt? Was blockiert den Weg zum inneren Frieden? Die Karma-Lehren betonen, daß unsere Absichten darüber entscheiden, was aus unserem Handeln folgt. Üben wir »heilige Methoden« mit einer »weltlichen« Absicht, dreht sich das Rad des Samsara – der Kreislauf des Leidens – weiter. Dann sind wir enttäuscht und geben auf. Wollen wir beim Üben vor allem angenehme Erfahrungen machen, reicht unsere Kraft nicht weit. Die tägliche Sitzmeditation ist oft langweilig und ermüdend, und es tut weh, das innere Chaos in aller Deutlichkeit zu sehen. Wir halten uns dann für unfähig oder die Methode für ungeeignet – und geben auf.

Es liegt auf der Hand: Die Hoffnung auf »schöne« Meditationen programmiert Enttäuschung vor. Das ist »weltliche« Übung, in Japan heißt sie »Bapu-Zen«, das kleine Zen für den Alltag. Selbst wenn wir den vollen Lotossitz einnehmen können und täglich vier Stunden auf den Atem achten, sind wir nicht auf dem geistigen Weg, wenn es uns lediglich um »gute vibrations«, Frieden und Ruhe geht. Am Anfang ist das normal. Wir sind fasziniert von etwas Neuem, und dieser offene Anfängergeist beschert uns gerade am Anfang hin und wieder auch angenehme Gefühle, ja sogar tiefe Erfahrungen. Geschieht das aber nicht so oft, wie wir wollen, ärgern oder langweilen wir uns und geben auf.

Wie sollen wir nun üben? Warum sollen wir überhaupt üben, wenn uns Meditation doch nicht zum ersehnten Glück verhilft? Wir brauchen einen langen Atem, tiefe Einsicht, Geduld und Gleichmut. Gleichmut ist etwas anderes als Gleichgültigkeit. Weil sie oft verwechselt werden, nennen die Lehren Gleichgültigkeit den »nahen Feind« des Gleichmuts. Gleichmut hingegen drückt innere Ruhe und Kraft aus, verbunden mit Liebe, Mitgefühl und Freude. Auch in schweren Zeiten verlieren wir das innere Gleichgewicht nicht und geraten auch nicht außer uns, wenn alles zum besten steht. Wir »ruhen« sozusagen »in unserer Mitte«. Gleichgültigkeit entsteht dagegen aus Angst verletzt zu werden und zu leiden. Wir »machen dicht«, verschließen unser Herz und lassen nichts mehr richtig an uns heran. In Notfällen ist es manchmal sinnvoll, alle Gefühle auszuschalten und sich tot zu stellen. Auf lange Sicht führt es aber dazu, daß wir unempfindlich werden und weder Glück noch Leid spüren können. Je mehr Gleichmut wir entwickeln, desto mehr Geduld, Zeit und Ausdauer haben wir. Nicht, weil wir gefühllos sind oder uns alles gleichgültig ist, sondern weil wir in uns ruhen, unsere Kraft spüren und auf sie vertrauen. Das fällt uns leichter, wenn wir verstehen, wie Innen und Außen zusammenwirken. Verstehen wir, wie Gefühle entstehen, wird unser Leben leichter, und Geduld, Ausdauer und Gleichmut wachsen. Stimmung und Hintergrund gelten als primäre Ursachen und die äußeren Umstände als sekundäre Bedingungen: Sie sind Anlässe oder Aufhänger für angenehme und unangenehme Gefühle. Je besser wir dieses Zusammenspiel von Innen und Außen begreifen, desto weniger fühlen wir uns als hilflose Opfer einer übermächtigen Außenwelt, abhängig von der Gunst äußerer Bedingungen. (Vgl. auch Teil 1, Kapitel 3, S. 31 ff.)

Ein langer Atem:
Interesse an inneren Prozessen

Erkennen wir das Zusammenspiel von Innen und Außen besser, verändert sich unsere Einstellung zur Außenwelt und zur Übung. Es geht uns nicht mehr nur um unmittelbare Bedürfnisbefriedigung, nicht mehr nur um die acht weltlichen Dinge. Wir beginnen uns für die Person zu interessieren, die etwas erlebt, für die inneren Prozesse, die Erfahrung konstituieren. Wir achten auf körperliche Empfindungen, grundlegende Gefühle, emotionale Reaktionen, Grundstimmungen und unser Denken, auf Gewohnheiten, Einstellungen, Vorstellungen und Urteile. Wir stellen uns körperlichen und seelischen Schmerzen, suchen die oder den Schuldigen nicht mehr in der Außenwelt, sondern erforschen unsere Innenwelt. Bei dieser Reise nach Innen können uns ethische Regeln helfen. Sie wecken uns auf, und wir richten die Aufmerksamkeit auf unheilsames oder leidbringendes Handeln, Reden und Denken. Nur wenn wir es erkennen, können wir es abbauen und entsprechende heilsame oder glückbringende Verhaltensweisen fördern.[22]

Der geistige Weg beginnt mit dem tiefen Wunsch nach Selbsterkenntnis. Wir wollen die Gesetze von Ursache und Wirkung anhand des eigenen Lebens verstehen und anwenden. Dann geht es uns nicht mehr in erster Linie ums »schöner Meditieren«, sondern um Einsicht in unsere inneren Strukturen; darum, langfristig Ursachen für Glück zu schaffen und Ursachen für Leid zu vermeiden.

Für die tibetischen *Lamrim*-Traditionen[23] beginnt der geistige Weg mit der Ausrichtung auf Glück in künftigen Leben. Wem es bei der Übung um Glück in diesem Leben geht, stärkt damit seine Ichbezogenheit, heißt es. Wenn die Orientierung auf die nächsten Leben Erfolgsdruck reduziert, funktioniert sie im Sinn der Tradition. Da aber die meisten Menschen im Westen mit der Vorstellung der Reinkarnation nicht vertraut sind, stellt diese Argumentation für viele Übende eine Barriere dar. Sie fühlen sich an konservative Sprüche erinnert: Verschiebe das Glück auf später. Oder an die christliche Vertröstung auf das Jenseits: Wer auf Erden viel leidet, wird im Himmel dafür entschädigt.

Der Dalai Lama meint, für Menschen am Anfang des Weges reiche die Orientierung an diesem Leben aus. Lama Thubten Yeshe formulierte es noch schärfer: »Was schert mich Befreiung, was geht mich Buddhaschaft an? Ich will mit meinem Leben klarkommen, und zwar Tag für Tag. Darum geht es!«[24]

Der Wunsch nach Freiheit:
Prioritäten setzen

Richten wir den Blick nach innen, merken wir, daß wir im Käfig unserer eigenen Welt gefangen sind. Es ist unsere Verfassung – Unaufmerksamkeit, Gier und Ablehnung, Gleichgültigkeit und Gewohnheiten –, die Freude und Frieden verhindert. Wird uns klar, daß wir in einem Gefängnis leben, wenn auch einem komfortablen, entsteht ein unbändiger Drang nach Freiheit. Die Pali-Tradition spricht von »Dringlichkeit« (Pali *samvega*), die tibetischen Traditionen von »großer Entschlossenheit, frei zu werden« (Tib. *ne chung*). Die europäischen Übersetzungen der buddhistischen Schriften haben unter dem Einfluß des Christentums dafür den Begriff »Entsagung« gewählt.

Die tibetischen Kommentare beschreiben zwei Facetten des großen Wunsches nach Freiheit. Zum einen wollen wir frei werden von den Fesseln der drei Gifte – Gier, Haß und Verblendung –, und wir erkennen sie bereits deutlich in uns. Zum anderen sind wir bereit, dafür unwesentliche Dinge loszulassen. Der deutsche Begriff »Entsagung« (engl. *renunciation*) gibt lediglich diese Facette wieder. Und so meinen wir, wir müßten auf jede Freude verzichten. Es ist aber eher so, daß wir klare Prioritäten setzen, weil Freiheit unser Ziel ist. Die innere Arbeit wird wichtiger als Erfolge in der äußeren Welt.

Wir sehnen uns nach Freiheit und geben dafür bestimmte

Dinge auf, weil wir erkennen, daß bestimmte Strukturen Leiden schaffen und daß die Ursachen von Glück nicht in der Außenwelt zu finden sind. Mit dieser Einsicht nehmen wir die acht weltlichen Dinge nicht mehr so wichtig, und das vereinfacht unser Leben. Wir verwenden nicht mehr den Großteil unseres Geldes, unserer Zeit und unserer Energie auf die Manipulation der Außenwelt. Das schafft Raum, und wir können geduldig, ausdauernd und aufmerksam emotionale Reaktionen und Gedanken beobachten und sie hin und wieder loslassen.

Verstehen wir die Bedingungen von Glück und Leid besser, dann entwickeln wir den Wunsch, frei zu werden und gewinnen auch die Kraft, Unwesentliches loszulassen und den acht weltlichen Dingen mehr und mehr zu »entsagen«. Mit dieser Haltung gewinnt unsere Übung große Kraft. Ausdauer und Geduld sind die wunderbaren Nebeneffekte dieser Einstellung.

Erwachen zum Wohl aller Wesen

Auch wenn wir uns aus dem Gefängnis eingefahrenen Verhaltens befreien wollen, geht es immer noch um uns selbst, um unser eigenes Leiden. *Wir* leiden unter unangenehmen Gefühlen. *Wir* leiden, weil angenehme Gefühle nicht andauern oder nicht per Knopfdruck oder Willensakt herstellbar sind. Und selbst wenn alles gutgeht, leiden wir daran, daß es keine Garantie für Zufriedenheit und angenehme Gefühle gibt. Noch dreht sich unsere Übung in erster Linie um uns selbst.

Je aufmerksamer wir aber unser eigenes Leiden, unsere Unzufriedenheit und Langeweile beobachten, desto eher fällt uns auf, daß alle Menschen um uns herum leiden oder zumindest nicht wirklich glücklich sind. Begreifen wir allmählich, wie wir unser eigenes Leiden durch Einstellungen, Hoffnungen und Befürchtungen, Wünsche und Vorstellungen selbst schaffen, sehen wir, daß es den anderen auch nicht besser geht. So entsteht Mitgefühl mit uns selbst und mit allen anderen um uns herum.

Mitfühlende, großzügige Menschen stecken ihre Kraft häufig in soziale und erzieherische, ökonomische und politische, kulturelle und religiöse Projekte. Irgendwann stellen sie fest, daß ihr Wirken kaum ein Tropfen auf dem heißen Stein ist. Unser Tropfen auf dem heißen Stein mag zwar statistisch unerheblich sein, für uns selbst und für die Betroffenen ist er jedoch sicherlich sinnvoll und hilfreich. Dennoch fühlt sich ein mitfühlendes Herz leicht vom Leid der Welt erschlagen, und in vielen Fällen wissen wir einfach nicht, wie wir anderen aus dem Leid heraushelfen können.

Die Mahayana-Tradition führt an dieser Stelle die Figur der oder des Bodhisattva ein. Das sind Menschen, die aus tiefem Mitgefühl und aus Einsicht in die Struktur des Leidens den großen Entschluß fassen, selbst Buddha zu werden, aus dem Schlaf der Unwissenheit zu erwachen. Ihr Ziel ist aber nicht primär, selbst nicht mehr zu leiden, sondern andere auf diesem Weg wirkungsvoll begleiten zu können. Diese Haltung nennt man Bodhicitta: der Geist, der auf das Erwachen ausgerichtet ist (*bodhicitta*, Skt., von *bodhi* = Erwachen, Erleuchtung, und *citta* = Geist).

Bodhicitta beginnt mit tiefem Mitgefühl: Bodhisattvas wollen – wie die Buddhas – alle Lebewesen aus dem Leid befreien und ins höchste Glück führen. Sie begreifen, daß dieser hehre Wunsch allein sie nicht in die Lage versetzt, allen Wesen zu helfen. Sie erkennen ebenfalls, daß nur völlig Erwachte, nur Buddhas dies können. Daraus entsteht der Wunsch, selbst Buddha zu werden. Damit der Wunsch Wirklichkeit werden kann, üben sich die Buddhas-in-spe in den sechs Bodhisattva-Handlungen[25]: Großzügigkeit, ethisches Handeln, Geduld, freudige Ausdauer, Sammlung und Weisheit. Auch wir können uns darin schulen, wenn wir unser Herz für uns und alle Lebewesen öffnen wollen. Diese Einstellung zur Übung ist besonders wirkungsvoll, weil sie alle Energien weckt und verstärkt. Und die brauchen wir auf dem Weg zum Erwachen.

Wir können aus unterschiedlichen Beweggründen üben. Üben wir, um uns gut zu fühlen, bleiben wir nur so lange auf unserem Kissen sitzen, wie angenehme Gefühle anhalten oder zu erwarten sind. Dann hören wir vermutlich schnell mit der Übung auf. Üben wir aus dem unbändigen Drang nach Freiheit von allem Leiden, steht uns all unsere Lebensenergie zur Verfügung, aber eben nur die eigene Energie. Üben wir zum Wohl aller Lebewesen, stehen bildlich gesprochen die ganze Menschheit und alle Lebewesen hinter uns und stärken uns bei diesem Unterfangen den Rücken, schieben uns an und muntern uns auf, wenn wir müde oder mutlos werden. Manche fühlen sich bei einsamen Meditationen im stillen Kämmerlein durch diese Vorstellung unterstützt. Wer durch dieses Bild nicht inspiriert wird, sondern sich unter Druck gesetzt fühlt, sollte es nicht verwenden.

Das Tor zum Tantra:
Entsagung, Bodhicitta, Leerheit

Inzwischen gibt es eine Fülle tantrischer Seminarangebote, zumeist aus dem Umfeld des Hinduismus, an denen gerade auch Frauen gern teilnehmen. Die buddhistische Adaption des indischen Tantra unterscheidet sich in vielen elementaren Punkten sowohl vom traditionellen indischen Shakti-Kult als auch von seinen modernen westlichen Versionen.[26] Hier werden die Voraussetzungen für den tantrischen Weg nach der tibetischen Tradition vorgestellt. Damit können wir die angebotenen Methoden und die in Aussicht gestellten Ergebnisse der Übung besser einschätzen. Die drei Prinzipien bilden auch den Kontext für die Praxis der Grünen Tara im vierten Teil.

Am Anfang des Bodhisattva-Weges steht der Wunsch nach Freiheit von allem Leiden, damit wir anderen Menschen und anderen Lebewesen auf diesem Weg zur Seite stehen können. Üben wir die sechs Bodhisattva-Handlungen ernsthaft und ausdauernd, stellen wir schnell fest, daß es nicht einfach ist, großzügig und verantwortungsvoll, geduldig und ausdauernd, gesammelt und weise zu sein und zu handeln. Es heißt, Bodhisattvas brauchen auf dem Sutra-Weg drei große Äonen – unvorstellbar große

Zeitalter –, um Buddhas zu werden. Die tantrischen Traditionen des Buddhismus bieten nun spezielle Übungen an, die diesen Prozeß beschleunigen können, wenn wir sie mit der rechten Einstellung durchführen. Sind wir gut vorbereitet, können wir mit den entsprechenden Übungen und unter kompetenter Anleitung in viel kürzerer Zeit, ja sogar in diesem Leben völlig erwachen.

Voraussetzung für den tantrischen Weg sind drei Einsichten oder Prinzipien: »Entsagung«, Bodhicitta und Leerheit. Unter Entsagung versteht man den Wunsch nach Befreiung und die Fähigkeit, dafür unwesentliche Dinge loszulassen und unter Bodhicitta den Wunsch, zum Wohle aller Wesen zu erwachen. Die dritte Voraussetzung für eine erfolgreiche Übung tantrischer Methoden ist Weisheit, und zwar die Weisheit, die Leerheit versteht.

Was ist Weisheit, die Leerheit versteht? Unser Leben wird leichter, wenn wir das, was wir über uns selbst, über andere, über Situationen, Abläufe und Dinge denken, als unsere Vorstellungen erkennen. Sie beruhen auf Erfahrungen, Lektüre und Hörensagen. Alle Dinge sind »leer« von den Vorstellungen, die wir ihnen überstülpen. Was wir über uns selbst und die Welt denken, spiegelt vor allem unsere eigene Verfassung, Ängste und Befürchtungen, Hoffnungen und Sehnsüchte. Die Weisheit, die Leerheit versteht, verwandelt eigene und fremde Vorstellungen in Arbeitshypothesen, die ihre Gültigkeit in der Praxis erst erweisen müssen. So öffnen wir uns für andere Standpunkte und lernen Kompromisse schätzen. Sie führen uns nicht vom einzig rechten Weg ab, sondern wir nehmen damit unterschiedliche Lebenserfahrungen, Blickwinkel und Ansichten auf und gehen respektvoll und klug mit ihnen um.

Eine große Hilfe ist dabei die Einsicht, daß »Samsara nie vollkommen sein wird«. Samsara ist die Welt, die wir sehen, solange wir an Ansichten und Meinungen festhalten und bewußt oder unbewußt von Erwartungen und Befürchtungen, eingefahrenen emotionalen Mustern und Gewohnheiten bestimmt sind. Nirvana ist die Welt der Offenheit, der Freude und des Friedens, in der wir leben, wenn unser Geist an nichts mehr festhält. Von der Krankheit des Festhaltens kann uns nur eine Weisheit heilen, die versteht, daß unsere Welt ein Spiegel unserer Seele ist.

Tantrische Visualisierungen, Mantra-Rezitationen und Rituale führen nicht zur Befreiung vom Leiden und zur Entfaltung aller Fähigkeiten, solange wir glauben, daß die Ursachen von Glück und Leid in der Außenwelt zu finden sind, solange es uns nur um das eigene Glück geht und solange wir an einer dualistischen Sicht der Welt festhalten.

Ohne Einsicht in Entsagung, Bodhicitta und Leerheit können uns tantrische Übungen körperliches und geistiges Wohlbefinden, einen Zuwachs an persönlicher Macht und sogar übersinnliche Kräfte bescheren, doch bleiben wir im Netz der acht weltlichen Belange gefangen und können weder uns selbst noch anderen wirklich helfen. Wir brauchen die tantrischen Übungen aber nicht aufzuschieben, bis wir alle drei Einsichten vollständig verwirklicht haben.

Teil Zwei: Den Weg gehen

1 Was ist Meditation?

Alle buddhistischen Übungen lassen sich in zwei große Gruppen unterteilen: Es gibt Übungen, die in erster Linie die geistige Ruhe (Pali und Skt. *shamatha*) und damit Konzentration fördern, und Übungen, die vor allem Einsicht oder Klarblick (Pali *vipassana*, Skt. *vipashyana*) wecken. Im Westen verbindet man mit dem Begriff Meditation vor allem konzentrative Übungen. Sie sind im Buddhismus zwar wichtiger Bestandteil der täglichen Übung, gelten aber nur als Hilfsmittel. Ziel der Übung ist Einsicht. Anfangs geht es dabei um begriffliche Einsicht in die drei Daseinsmerkmale: Leiden, Unbeständigkeit und Substanzlosigkeit.

Der Achtfache Pfad bietet eine klare Struktur für die Übung im Alltag mit seinen drei Schwerpunkten Ethik, Sammlung und Einsicht. Zum Schwerpunkt *Ethik* gehören rechtes Verhalten, rechte Rede und rechter Lebenserwerb. Zum Bereich *Sammlung* zählen rechte Achtsamkeit, rechtes Bemühen und rechte Meditation. Die beiden Aspekte von *Einsicht* sind rechte Einsicht und rechte Einstellung oder Haltung. Mit dem Adjektiv »recht« ist ein Denken, Reden und Tun gemeint, das Leiden verringert und Ursachen für Glück schafft. Durch die Ausrichtung des Lebens an den ethischen Richtlinien (Pali und Skt. *shilas*) wird das Leben einfacher. Wir können uns besser entspannen, und das ist wiederum die Voraussetzung für Sammlung und Konzentration. Ein entspannter und gesammelter Geist hat die Klarheit und Kraft, Ansichten und Meinungen, emotionale Strukturen und Verhaltensmuster genau zu beobachten. Je besser wir ihre Mechanismen verstehen, desto besser können wir Ansichten, Muster und Gewohnheiten, die Leiden bringen, loslassen und heilsame entwickeln. Das vereinfacht unser Leben wieder, fördert Sammlung und bereitet den Boden für eine zutiefst mitfühlende Haltung und tiefe nichtbegriffliche Einsichten.

Meditation: Ein Begriffswirrwarr

Der Weg der Innenschau hat viele Facetten. Im Deutschen hat sich der Begriff Meditation als Sammelbegriff für sehr viele unterschiedliche Übungsweisen durchgesetzt. Das führt häufig zu großer Verwirrung, was denn nun eigentlich damit gemeint ist. Bei uns setzen viele Menschen Meditation mit Nichtdenken und einem Zustand innerer Ruhe gleich. In buddhistischen Kreisen wird Meditation häufig im engeren Sinn für konzentrative Übungen verwendet. Die folgenden Hinweise beziehen sich auf die Begriffe, die die verschiedenen Traditionen in ihren deutschen Veröffentlichungen verwenden. Übungen, die die begriffliche Einsicht fördern, werden in der tibetischen Tradition analytische Meditation, im Theravada in Anlehnung an die christliche Tradition Kontemplation oder Betrachtung genannt. Eine Theravada-Richtung nennt ihre Übung Einsichtsmeditation (Pali *vipassana*) und subsumiert darunter mehrere Übungen, die auf dem Weg zur tiefen Einsicht verwendet werden.

Es gibt nun Übungen, mit denen man *gleichzeitig* Konzentration und Einsicht entwickeln kann. Bei einer Reihe dieser Übungen macht man sich mit bestimmten heilsamen Haltungen vertraut und »meditiert« beispielsweise über Liebe und Mitgefühl, Freude (oder *Mit*freude) und Gleichmut, die vier großen oder unermeßlichen Haltungen.[1] Das wird manchmal Meditation und manchmal Kontemplation genannt. Auffallend ist, daß die beiden häufig gebrauchten Begriffe Meditation und Kontemplation genau umgekehrt verwendet werden, wie es in der griechischen Philosophie und daran anknüpfend in der christlichen Mystik der Fall war.

Die christliche Mystik unterscheidet drei Grundformen der Meditation: *Meditation* als einfachste Form der Übung bezeichnet das »diskursive Gebet«, in dem man über Dinge nachdenkt. Der Philosoph Descartes nennt seine Betrachtungen damit übereinstimmend »Meditationen«. Das christliche *Herzensgebet* dient der Umwandlung der Gefühlsebene, und der Begriff *Kontemplation* ist reserviert für die Übungen, die zur Einswerdung mit dem Meditationsobjekt, zur direkten Erkenntnis führen.

Es gibt auch tibetische Schulen, die die Begriffe Meditation und Kontemplation im alten Sinn verwenden. Da sich der umgekehrte Gebrauch der Begriffe mehr oder weniger durchgesetzt hat, werden hier die gängigen Begriffe in all ihrer Unschärfe verwendet. Was damit jeweils gemeint ist, wird aus dem Zusammenhang deutlich.[2]

Viele Wege führen zum Erwachen

Jede buddhistische Tradition und Schule setzt andere Akzente und Schwerpunkte. Manche Theravada-Richtungen empfehlen besonders die gedankliche Kontemplation, ja halten sie für die wesentliche Übung für Menschen, die nicht den Weg einer Nonne oder eines Mönchs gewählt haben.[3] Viele Theravada-Schulen lehren vor allem den Weg der Ethik und des Studiums. In Übereinstimmung mit einigen tibetischen Schulen warnen sie geradezu vor intensiven konzentrativen Übungen, die zu den Sammlungsstufen (Pali *jhana*) führen. Sie meinen, die Glücksgefühle, die durch diese Sammlungsstufen erlebt werden, könnten bei einer noch wenig in den Lehren verankerten Person zu Anhaftung führen und damit in die Sackgasse angenehmer Gefühle.[4]

Die Zen-Schulen setzen eher auf Konzentration und nichtbegriffliche Einsicht. Die tibetischen Schulen betonen besonders am Anfang eine gründliche meditative Durcharbeitung der Lehrinhalte und haben dafür eine eigene Form, die Kontemplation über den Stufenweg (tib. *lamrim*) entwickelt.

Ayya Khema war eine der wenigen Theravada-Lehrerinnen, die die »vergessene Kunst« der Sammlungsstufen lehrte, in enger Verbindung mit gründlichen Kontemplationen über die Lehren und der Einübung von Liebe und Güte (Pali *metta*). Es ist ihr Verdienst, daß die Sammlungsstufen heute in solcher Klarheit und Deutlichkeit gelehrt und damit geübt werden können.[5]

Vertraut mit Heilsamem

Ein tibetischer Begriff für Meditation ist *goms*, das häufig mit Übung oder Praxis übersetzt wird. *Goms* leitet sich von dem Verb *gom* ab, wörtlich: sich vertraut machen. Ergänzt durch ein Aktivitätssuffix bedeutet es »sich aktiv vertraut machen«. Womit macht man sich in der Übung vertraut? Mit dem, was heilsam ist. Das ganze Leben ist Übung. Üben bedeutet also nicht nur konzentrativ meditieren, Lehrinhalte kontemplieren, oder heilsame Gemütszustände einüben, sondern umfaßt alles Tun, bei dem wir uns mit dem vertraut machen, was heilsam ist. Diese Definition von Übung kann uns helfen, unwirksame oder schädliche Formen der Übung zu erkennen und abzubauen. Üben wir beispielsweise eine Meditationstechnik und setzen uns damit unter Druck, üben wir »unter Druck setzen« und machen uns nicht mit dem vertraut, was heilsam ist.

Eine traditionelle Unterweisung beschreibt Übung als dreistufigen Prozeß: Hören, Nachdenken und Meditieren. Mit diesen drei Begriffen wird schon in den Sutren die langsame Annäherung an die Lehren beschrieben. Das Dreistufenmodell läßt sich auch gut auf die gründliche Beschäftigung mit jedem neuen Wissensgebiet und damit auf viele Bereiche des Lebens übertragen. Es hilft uns, Sackgassen und Fallen auf dem Weg leicht zu erkennen und gibt zugleich eine präzise Beschreibung der Ebenen der Übung.[6]

Wie kommen wir mit neuen Inhalten in Kontakt? Wir lesen ein Buch oder hören einen Vortrag. Alle buddhistischen Traditionen betonen die Wichtigkeit mündlicher Unterweisungen. Aus eigener Erfahrung kann ich folgendes Vorgehen empfehlen: Neue Informationen über den geistigen Weg kann man am besten in der persönlichen Begegnung, durch mündliche Vorträge aufnehmen. Durch Lektüre können wir unser Verständnis vertiefen. Geht es um Übungen, sind mündliche Unterweisungen unverzichtbar. Der persönliche Kontakt mit einer kompetenten Person bietet den Raum, offene Fragen zu beantworten und Mißverständnisse zu klären.

Nachdenken

Wir neigen häufig dazu, uns ungeheuer viele Informationen anzueignen, machen uns aber selten die Mühe, sie gründlich zu überprüfen. Die Tradition empfiehlt hingegen, in einem zweiten Schritt die Aussagen, die uns stimmig erscheinen, mit allen uns zur Verfügung stehenden Mitteln zu überprüfen: Mit dem Verstand und anhand unserer eigenen Lebenserfahrung. Mit anderen Worten: Wir bewegen die Lehren in unserem Herzen. Oder: Wir prüfen die Lehren, wie eine Goldschmiedin Gold prüft. Wir prüfen das Gehörte oder Gelesene auf seine innere Logik, auf die Übereinstimmung mit anderen Lehren und auf seine Gültigkeit in unserem Leben. Lebenserfahrung und geistige Fähigkeiten setzen uns natürlich auch Grenzen. Besonders am Anfang des Weges gibt es viele Aussagen, die wir nicht verstehen und nicht überprüfen können.

Wenn es heißt: »Leben ist Leiden«, können wir das auf bestimmten Ebenen leicht nachvollziehen. Unangenehme Gefühle sind ganz offensichtlich leidvoll. Wir nehmen sie allerdings meist nicht wahr, sondern lediglich unsere Reaktionen darauf: Emotionen und Gedanken. Unangenehme Gefühle werden durch körperliche, emotionale und gedankliche Prozesse ausgelöst. Sie sind unangenehm, aber schwer spürbar und sehr kurzlebig. Erst durch unsere gedanklichen und emotionalen Reaktionen werden sie zu spürbarem Leiden.

Im angenehmen Gefühl der Sättigung das Leiden der Veränderung zu erkennen, fällt noch viel schwerer. Zum einen bemerken wir angenehme Gefühle kaum, weil sie so kurzlebig und fein sind, zum anderen sind sie einfach angenehm. Bei einem angenehmen Gefühl, das durch Sättigung entsteht, erkennen, daß eigentlich nur das Hungergefühl nachläßt, bedeutet tiefe Einsicht. Wir begreifen, angenehme Gefühle sind letztlich Leiden, das etwas nachläßt. Wir brauchen noch weit mehr Selbstbeobachtung und Ausdauer, wenn wir erkennen wollen, daß auch die glücklichsten Momente im Leben – Sternstunden allein und mit anderen, tiefe begriffliche Einsichten – in dem Sinn Leiden sind, daß sie wieder vorübergehen und wir nie vor zukünftigem Leiden sicher sind. Das erfordert große Klarheit und einen sehr gesammelten und kraftvollen Geist.

Verstehen ist nicht leicht

Die Tradition unterscheidet drei Arten von Phänomenen, die unterschiedlich schwer zu erkennen sind.[7] »Offensichtliche Phänomene« können wir leicht erkennen, beispielsweise mit den fünf Sinnen und dem gesunden Menschenverstand: Das Feuer ist heiß, das Wasser ist naß, das ist meine Schwester, und das ist ein Tisch.

»Leicht verborgene« Phänomene können wir indirekt erkennen, und zwar mit Hilfe der Vernunft, durch schlußfolgerndes Denken. Ein klassisches Beispiel dafür ist Rauch über einem Hügel, der auf ein Feuer verweist. Allerdings können wir uns auch täuschen. Weint eine Person, können das Tränen der Freude oder der Trauer sein. Kommt jemand zu spät zu einer Verabredung, bedeutet das nicht unbedingt, daß wir dieser Person gleichgültig sind. Sie kann auch den Bus verpaßt haben. Schlußfolgerndes Denken setzt einen klaren und ruhigen Geist voraus. Sind wir von Gier, Haß und Wahn »vergiftet«, emotional aufgewühlt, verbittert oder enttäuscht, dann wird unsere Interpretation einer Situation eher von der augenblicklichen Stimmung diktiert als von den äußeren Fakten.

»Sehr verborgene Phänomene« können wir weder mit den Sinnen noch mit dem Verstand erkennen. Wir brauchen dazu einen durch Meditation und Innenschau geschulten Geist. Die Tradition empfiehlt bei Aussagen über »sehr verborgene Phänomene« – dazu zählen beispielsweise Karma, Reinkarnation und Erleuchtung – vor allem, die Glaubwürdigkeit der Person oder Tradition zu überprüfen und die Aussage nach sorgfältiger Prüfung lediglich als Arbeitshypothese anzunehmen und weiter zu prüfen.

Westliche Menschen pendeln oft zwischen zwei Extremen, wenn sie etwas hören, was sie nicht kennen: Entweder sind sie von neuen Informationen fasziniert und akzeptieren sie schnell als ewige Wahrheit oder sie lehnen sie ab, weil sie sie nicht nachvollziehen können. Doch nur wenn wir nachvollziehbare Aussagen am eigenen Leben gründlich überprüfen, vertieft sich unser Verständnis mit der Zeit und läßt die Intuition entstehen, die komplexe Zusammenhänge begreift. Lama Yeshe gab den Rat: »Befasse dich mit den Lehren und Übungen, die dir einleuchten und laß alles andere beiseite, ohne es abzulehnen. Dann schulst du deinen Geist, ohne viel Zeit mit Abwehr und Zweifel zu verschwenden.«

Nachdenken über die Lehren bedeutet also nicht, sich stundenlang in begrifflichen Spekulationen zu verlieren, sondern die Lehren mit den Mitteln, die uns derzeit zur Verfügung stehen, zu überprüfen. Gründliches Nachdenken und Überprüfen führt der Tradition zufolge zu einem tiefen begrifflichen Verständnis und zu Vertrauen aus Einsicht. Der westliche Dharma-Lehrer Alex Berzin stellte einmal fest: »Wenn westliche Menschen durch Prüfung der Lehren begriffliche Klarheit entwickeln, ist das eine so tiefe Erfahrung für sie, daß sie meinen, jetzt hätten sie schon alles begriffen.« Begriffliche Klarheit und Vertrauen aus Einsicht sind so beeindruckende Erfahrungen, daß viele sie mit direkter Einsicht verwechseln. Doch diese erfolgt erst im nächsten Schritt, der methodischen Übung.

Meditieren: Ruhe und Einsicht

Die tibetische Gelug-Tradition unterteilt die methodische Übung in drei Schritte: Wissen, unmittelbare oder direkte Einsicht und Stabilisierung der Einsicht.[8] Tibetische Lamas finden es immer etwas seltsam, wenn westliche Menschen, die ihr erstes buddhistisches Seminar besuchen, gleich meditieren wollen. Sie stellen die berechtigte Frage: »Wie wollt ihr meditieren? Ihr wißt doch gar nicht, wie man das macht.« Selbst für eine einfache Atemübung braucht man eine gründliche Einführung und den anschließenden Austausch über die Erfahrungen.

Methodische Übung kann für die tibetische Tradition erst dann beginnen, wenn die Übenden die Technik gut verstehen und wissen, was zu tun und zu lassen ist. Natürlich vertieft und verfeinert sich das Wissen durch die Übung, doch sollten Anfängerinnen und Anfänger verstehen, was sie üben.

Bei inhaltlichen Übungen, in denen man Lehrinhalte kontempliert, sollte man das Thema gut kennen. Eine Betrachtung über Unbeständigkeit setzt eine gründliche Beschäftigung mit dem Thema voraus. Was gründlich bedeutet, daran scheiden sich allerdings die Geister. Einige Schulen empfehlen einige Jahre Studium, bevor sie Meditationsanweisungen geben, andere geben nach einer zweitägigen Einführung Übungen an die Hand, wieder andere erledigen die Einweisung in die Übung in zehn Minuten oder setzen gar voraus, daß man schon weiß, wie man zu meditieren hat. Man muß letztlich selbst entscheiden, wieviel Unterweisungen man für die methodische Übung braucht. Für jede Person sieht die Balance zwischen Wissen und Übung anders aus.

»Meditiert« man über Unbeständigkeit, kann man beispielsweise die grobe Unbeständigkeit in der Natur betrachten: den Wechsel der Jahreszeiten, das Welken einer Blume usw. Man denkt also über Unbeständigkeit nach, man kontempliert. Bewegt man Unbeständigkeit immer wieder im Herzen, gibt es Momente der unmittelbaren Einsicht. Man weiß plötzlich ganz tief, daß sich alles immer verändert und wandelt. Das kann ein Moment des Klarblicks, der tiefen nichtbegrifflichen Einsicht in Unbeständigkeit sein. In der buddhistischen Tradition nennt man so etwas tiefe Einsicht (Pali *vipassana*).

Bezieht sich tiefe Einsicht auf die Substanzlosigkeit des Ich, nennt sie das Theravada Nibbana-Erfahrung oder Pfad- und Frucht-Moment. Der erste Begriff bezieht sich auf die Erfahrung selbst, der zweite auf die daraus folgende Einsicht, die Frucht.[9] Die tibetischen Traditionen sprechen von Einsicht in Nicht-Zweiheit, Nichtdualität oder Leerheit. Im Zen heißt diese Art tiefer nichtbegrifflicher Einsicht Wesensschau (jap. *kensho*) oder Erwachen (jap. *satori*).

Zu Recht nennt man jede tiefe nichtbegriffliche Einsicht eine kleine Erleuchtung. Doch das große Erwachen liegt immer noch in weiter Ferne. Solche Erfahrungen liegen so weit ab vom normalen Leben, daß es einige Energie und Zeit braucht, sie zu integrieren. Im Zen heißt es, Kensho-Erfahrungen sind der leichtere Teil des Weges. Die Arbeit besteht darin, solche Erfahrungen in den Alltag zu integrieren. Wir müssen vertraut werden mit diesen Zuständen der Offenheit, Klarheit und Feinfühligkeit, wie die Nyingma-Tradition die tiefsten Ebenen des Geistes beschreibt.

Manche selbsternannte Lehrer und Lehrerinnen im Westen (und Osten) rechtfertigen ihr Tun damit, daß sie solch tiefe Erfahrungen hatten. Sie sind ein wichtiger Teil des Weges, doch können auch sie die systematische Schulung unter erfahrenen Übenden und Lehrenden nicht ersetzen. Denn zu viele Fallen gibt es auf dem Weg. Ein guter Schutz vor dieser Art von Überheblichkeit ist der enge Kontakt mit Kolleginnen und Kollegen und mit einer persönlichen Lehrerin bzw. einem Lehrer.

In der methodischen Übung dient die dritte Phase der Stabilisierung dieser nichtbegrifflichen Einsicht. Dazu braucht es tiefe geistige Ruhe und Konzentration (Skt. *shamatha*). Diese methodische Übung ist dann die Verbindung von tiefer Einsicht (*vipassana*) und ruhigem Verweilen (*shamatha*). Das sind die beiden Schwingen, auf denen Herz und Geist der Übenden ans andere Ufer der Befreiung und Erleuchtung fliegen. Bei ersten Momenten tiefer Einsicht halten sich einige schon für »erleuchtet«. Die Zenmeisterin Prabhasa Dharma Roshi meint in diesem Zusammenhang lakonisch: »Jetzt muß man noch dreißig Jahre meditieren, um sich an diese Erfahrung zu gewöhnen.«

2 Die Übung

Dieses Kapitel stellt einige grundlegende buddhistische Übungen vor und gibt Anregungen, wie Sie sich zu Hause Raum und Zeit schaffen können, um regelmäßig zu meditieren. Es ist kein Ersatz für eine persönliche Einführung durch kompetente Lehrerinnen und Lehrer, kann aber vielleicht dazu inspirieren, Vorträge und Einführungskurse zu besuchen und sich so selbst ein Bild von Lehren und Übungen des Buddhismus zu machen. Wer eher mit formlosen oder konzentrativen Übungen vertraut ist, fühlt sich vielleicht dazu angeregt, die eine oder andere gedankliche Übung auszuprobieren.

Die innere Haltung

Die Tradition betont immer wieder, daß unsere Einstellung die Qualität jedes Tuns bestimmt. (Vgl. Teil 1, Kapitel 6.) Das gilt auch für die Übung. Wir neigen alle dazu, uns an der äußeren Form, an einer Technik festzuhalten und darüber unsere Haltung, unsere innere Einstellung, unsere Stimmung beim Tun zu vergessen. Dieser Falle entgeht niemand. Deshalb folgen hier einige Gedanken zur Einstellung bei der Übung.

Gewohnheiten, die wir ein Leben lang eingeschliffen und verfestigt haben, lassen sich nicht über Nacht wegzaubern. Jede Veränderung von Ansichten und Wertvorstellungen, von Ansprüchen und Erwartungen, von emotionalen Mustern und Gewohnheiten erfordert Einsicht, Mut, Energie, Interesse und sehr viel Übung, am besten tägliche Übung. Einige Traditionen sprechen daher nicht von täglicher Meditation, sondern von täglicher

Übung. Es geht nicht in erster Linie darum, jeden Tag »schön« zu meditieren, sondern darum, sich jeden Tag etwas Zeit für sich selbst zu nehmen. In diesen stillen Minuten wenden wir den Blick nach innen. Wir spüren körperliche Verspannungen und Verhärtungen. Wir achten auf grundlegende angenehme und unangenehme Gefühle und die emotionalen Reaktionen darauf. Wir registrieren die augenblickliche Stimmung und die vielen Gedanken, die uns durch den Kopf gehen. Wir achten auf Ängste und Sorgen, auf körperliche und geistige Erfahrungen.

Machen wir uns in methodischen Übungsphasen mit dieser Art Innenschau vertraut, erinnern wir uns auch bei den täglichen Verrichtungen an sie und achten auch im Tun auf körperliche Prozesse, emotionale Reaktionen, Stimmungen und Gedanken. Mit der Zeit wird uns dieser Blick nach innen zur zweiten Natur, und wir bemerken Anspannungen, negative Stimmungen und Gedanken, bevor sie sich festgefahren haben. Nach und nach entsteht ein leiser Humor, der uns hilft, auch in schwierigen Situationen nicht den Mut zu verlieren. Wir erkennen die Absurdität unserer Anklagen und Verwünschungen, der kindlichen Erwartung, daß sich Wetter und Mitmenschen, Verkehr und die wirtschaftliche Lage unserer Arbeitgeber doch bitte nach unseren momentanen Erwartungen und Vorstellungen richten mögen. Auf diese Weise ergänzen sich Achtsamkeit in der methodischen Übung und Achtsamkeit im Alltag.

Raum und Zeit

Hilfreich ist es, wenn Sie sich in Ihrer Wohnung einen festen Ort für Ihre Übung einrichten. Sie können eine kleine Ecke im Wohn- oder Schafzimmer so gestalten, daß sie Ihre Übung unterstützt: Ein Sitzbänkchen oder ein Kissen, falls Sie im Sitzen üben wollen, oder eine Yoga-Matte zum Liegen, falls Ihnen das ruhige Sitzen schwerfällt. Eine Blume, eine Kerze und vielleicht das Bild einer Sommerwiese, eines Waldes, einer Großen Göttin oder einer weiblichen Buddha-Figur.

Tägliche Übungen sind im allgemeinen leichter durchzuführen, wenn Sie am gleichen Ort üben und einen festen Zeitpunkt im Tagesablauf dafür reservieren. Es braucht nicht jeden Tag die gleiche Uhrzeit zu sein. Sie können beispielsweise morgens vor der Arbeit oder abends vor dem Zubettgehen zehn Minuten üben oder aber nachmittags, wenn Sie von der Arbeit nach Hause kommen. Probieren Sie einfach aus, wann es Ihnen am leichtesten fällt und Sie von anderen möglichst wenig gestört werden.

Die Körperhaltung

Sie können alle Übungen im Sitzen, auf dem Boden oder auf einem Stuhl, oder im Liegen durchführen. Sie können sich für eine Haltung entscheiden, sie aber je nach körperlicher Verfassung auch wieder verändern.

Übung im Bodensitz: Setzen Sie sich im Schneidersitz auf ein festes Kissen oder eine mehrfach gefaltete feste Wolldecke. Die Fersen liegen vor dem Körper auf dem Boden. Falls ein Knie oder beide Knie den Boden nicht berühren, legen Sie ein Kissen oder eine Decke unter die Knie. Der Rücken ist aufrecht, die Schultern hängen, und die Hände liegen locker auf den Oberschenkeln. Achten Sie darauf, daß Sie aufrecht, stabil und entspannt sitzen. Für Ungeübte ist der Bodensitz etwas anstrengend für die Knie. Er ist dagegen relativ angenehm für den Rücken.

Wer körperlich dazu in der Lage ist, kann einen Fuß auf den Oberschenkel des anderen Beins legen. Dieser Sitz heißt im Yoga Halblotossitz. Er ist etwas anstrengend für die Beine, stabilisiert aber den Rücken.

Übung im Kniesitz: Legen Sie sich eine mehrfach gefaltete feste Wolldecke zwischen die Beine. Im allgemeinen ist die Unterlage beim Knien etwas höher als beim Bodensitz. Suchen Sie eine Haltung, bei der weder zuviel Gewicht auf den Knien lastet, der

Rücken aber auch nicht zu weit nach hinten lehnt. Sie können auch zwischen Bodensitz und Kniesitz wechseln. Der Kniesitz ist meist recht angenehm für die Beine. Achten Sie darauf, daß Ihr Rücken aufrecht bleibt.

Übung auf dem Stuhl: Falls Sie Schwierigkeiten haben, in einer der beiden oben beschriebenen Haltungen auf dem Boden zu sitzen und falls Sie beim Liegen leicht einschlafen, können Sie bei allen Übungen auch auf einem Stuhl sitzen. Am besten ist ein stabiler Stuhl mit einer geraden Rückenlehne. Sitzen Sie am vorderen Rand des Stuhles, die Füße stehen etwa schulterbreit auseinander fest auf der Erde. Falls der Boden kühl ist, legen Sie eine Wolldecke unter die Füße. Die Hände liegen locker auf den Oberschenkeln. Bei Bedarf können Sie ein kleines Kissen auf den Stuhl legen, so daß die Oberschenkel leicht nach unten geneigt sind, das entlastet Ihren Rücken. Stellen Sie sicher, daß Sie aufrecht, stabil und bequem sitzen.

Übung im Liegen: Legen Sie sich auf eine Yoga-Matte oder eine doppelt gefaltete feste Decke. Achten Sie darauf, daß Sie gerade liegen. Legen Sie zur Entspannung des unteren Rückens ein dickes Kissen oder eine mehrfach gefaltete feste Wolldecke unter die Knie. Achten Sie darauf, daß Sie stabil und entspannt liegen. Falls Sie beim Liegen regelmäßig einschlafen, sollten Sie eher im Sitzen üben. Wer zu Verspannungen neigt oder sich leicht überanstrengt, sollte allerdings immer wieder im Liegen üben und versuchen, dabei wach zu bleiben.

Regelmäßig üben

Für den Anfang reicht es, wenn wir uns täglich fünf bis zehn Minuten für die systematische Innenschau nehmen. Schrauben wir unsere Erwartungen am Anfang zu hoch, lassen wir die ungewohnte Übung schnell wieder fallen. Viele Anfängerinnen und

Anfänger quälen sich in den ersten Wochen und Monaten mit zu hohen Ansprüchen und lassen die Übung nach einigen Monaten wieder sein. Die Erfahrung zeigt, daß man nicht unbedingt »täglich« üben muß. Solange man sich wenigstens vier-, fünfmal die Woche »hinsetzt«, bleibt man mit der Übung verbunden. Eine Kursteilnehmerin faßte ihre Erfahrung so zusammen: »Mein Schlüsselbegriff ist: ›häufiger als nicht‹. Seit ich mir nur noch vornehme, häufiger als nicht zu meditieren, klappt es mit der Übung.« Solange es also bei vier, fünf »Sitzungen« die Woche bleibt, sind Sie »auf der sicheren Seite«.

Wem es eher schwerfällt, sich auf etwas Regelmäßiges einzulassen, profitiert vielleicht von folgendem Rat: Wir nehmen uns für eine Woche eine tägliche Entspannungs- oder Übungsphase fest vor. Nach einer Woche schauen wir, wie es uns damit geht und entscheiden uns wieder für eine Woche täglicher Praxis. Rebellische Naturen können ihrem Geist vielleicht mit folgendem Vorgehen ein Schnippchen schlagen: Stellt man fest, daß man zwar den Nutzen der Übung spürt, die tägliche Übung aber etwas schleifen läßt, kann man sich die Übung für zwei, drei Tage »verbieten«. Häufig vermißt man sie dann und freut sich nach einer Pause von drei Tagen wieder darauf.

Durch regelmäßige Übung über einen Zeitraum von mehreren Monaten wird uns die stille Zeit schnell unentbehrlich, und wir können sie dann bei Bedarf auf 15, 20 oder 30 Minuten täglich ausdehnen. Falls wir nach einigen Wochen oder Monaten wieder in unseren alten Trott zurückfallen und die täglichen Übungsphasen aufgeben, können wir einige der o. g. Tricks ausprobieren. Bei stärkeren Unlusterscheinungen tut ein Gespräch mit Menschen gut, die regelmäßig zu Hause üben, und wir können bei ihnen Rat und Inspiration suchen. Bücher sind dann hilfreich, wenn sie aus kompetenter Feder stammen, uns zur eigenständigen Praxis motivieren und diese durch praktische Hinweise auch unterstützen.

Inspiration, Sammlung und Einsicht

Die tibetische Tradition empfiehlt bei der täglichen Übung auf drei Dinge zu achten: Inspiration, Sammlung und Einsicht. Ohne Interesse an der inneren Arbeit und ohne Inspiration haben wir weder die Geduld noch die Kraft, das tägliche Auf und Ab der Übung zu ertragen. Was uns inspiriert, müssen wir selbst herausfinden. Jede Tradition und Schule kennt und empfiehlt Rezitationen oder »Gebete«, deren Sinn und Zweck ist, uns zur Übung zu inspirieren, Vertrauen, Interesse und Hingabe zu wecken. Was in Japan und Tibet, Sri Lanka und Thailand, Vietnam und Korea über Jahrhunderte hinweg funktioniert hat, kann auch westliche Menschen inspirieren. Das muß aber nicht so sein. Es empfiehlt sich, mit unterschiedlichen Texten und kleinen Ritualen zu experimentieren, bis wir die Methoden gefunden haben, die uns tatsächlich zur Übung inspirieren. Es wird natürlich immer Tage oder sogar Wochen geben, in denen wir eher mechanisch üben, und keine noch so tiefen und heiligen Texte uns aus eingefahrenen Gewohnheiten und schlechter Stimmung herauslocken können. Auf Dauer werden wir nur am Ball bleiben, wenn wir ein brennendes Interesse am Weg der Innenschau entwickeln und uns von menschlichen Vorbildern, Lehren und Übungen tief inspiriert fühlen.

3 Sechzehn Übungen

Ablauf einer täglichen Übungsphase

Zur Anrede bei den Übungen: Bei allgemeinen Hinweisen zur Übung wird das formellere »Sie« verwendet, bei Übungen das persönlichere »du« oder »wir«.

Einstellung: Die tibetische Tradition empfiehlt zu Beginn jeder Übung einige Momente auf die Einstellung – oft auch Motivation genannt – zur Übung zu achten: Setzen wir uns aus Pflichtgefühl hin oder aus Interesse an den inneren Prozessen? Zur Schulung der Verbundenheit mit allen Lebewesen empfiehlt sie die Rezitation der Vier Unermeßlichen Haltungen: Liebe, Mitgefühl, Freude und Mitfreude und Gleichmut. *(Seite 81)*

Widmung: Als Abschluß der Übung können wir den Bogen zur Motivation am Anfang schlagen und die gute Energie der Übung dem schnellen Erwachen zum Wohl aller Wesen widmen. Ayya Khema sprach davon, die gute Energie der Übung mit allen Wesen zu teilen.

Inspiration: Wir lassen uns von einem weisen Satz, einem kurzen Text, einem Bild oder einem »Gebet« – Zuflucht, die Vier Unermeßlichen Gedanken oder ähnlichen Texten – inspirieren.

Sammlung: Dann achten wir für einige Momente – fünf bis zehn Minuten – auf den Atem. Sind wir sehr unruhig, können wir statt dessen langsam im Zimmer hin und her gehen.

Einsicht: Im Anschluß machen wir fünf bis zehn Minuten eine der gedanklichen Übungen. Hin und wieder können wir nach oder anstelle einer methodischen Übung unsere Gedanken zum Thema aufschreiben.

Zur Ergänzung

Freude: Erleben wir im Alltag wenig Freude, können wir für einige Wochen täglich die Übung 10 – Sternstunden – oder die Übung 11 – Wertschätzung für uns selbst – durchführen.

Fühlen wir uns so schlecht oder unruhig, daß wir uns nicht zu einer methodischen Übung aufraffen können, haben sich folgende Vorgehensweisen als hilfreich erwiesen:

Nur sitzen: Wir setzen uns einfach für fünf bis zehn Minuten hin, ohne irgendeinen Anspruch auf »richtige« Meditation. Die formelle Sitzhaltung im Bodensitz oder Halblotos ist eine Yoga-Stellung und wirkt beruhigend und sammelnd.

Nur liegen: Können wir uns nicht einmal zum bloßen Sitzen aufraffen, können wir uns für fünf bis zehn Minuten auf den Boden legen und die Gedanken frei schweifen lassen.

Lesen: Sind wir zu unruhig oder träge, um uns aufs Kissen zu setzen, können wir für zehn bis fünfzehn Minuten einen inspirierenden Text lesen. So bleiben wir wenigstens in Gedanken mit dem Weg der Innenschau verbunden.

Achtsamkeit im Alltag: Wir können die methodische Sitz- oder Gehpraxis unterstützen, wenn wir untertags hin und wieder innehalten und auf unseren Körper, auf Gefühle, Stimmungen und Gedanken achten. Je mehr wir bemerken, was den ganzen Tag über in uns vor sich geht, desto eher können wir unsere innere Stimme hören, unsere innere Weisheit, die uns sagt, wie wir das Beste aus jeder Situation machen können.

Gedanken zur Einstimmung auf die Übung

Mögen alle Wesen Glück erleben und die Ursachen von Glück.

Mögen alle Wesen frei sein von Leid und den Ursachen von Leid.

Mögen alle Wesen nie getrennt sein vom höchsten Glück der Befreiung und Erleuchtung.

Mögen alle Wesen in Gleichmut ruhen, ohne Anhaftung an angenehme und ohne Abneigung gegen unangenehme Gefühle, nicht nah den einen und fern den anderen aus egozentrischen Motiven.

Gedanken zum Abschluß der Übung

Möge die gute Energie, die in dieser Übung entstanden ist, mich auf dem Weg zum Erwachen unterstützen, zu meinem Wohl und dem aller Wesen.

Übung 1: Achtsamkeit und Konzentration

Eine grundlegende Übung, innere Ruhe zu finden, ist auf den natürlichen Atemfluß zu achten. Wir richten die Aufmerksamkeit auf die Atembewegung. Es reicht für den Anfang aus, wenn wir etwa zwanzig, dreißig Prozent der Aufmerksamkeit auf den Atem richten. Wenn wir etwa zwanzig Minuten beim Atem bleiben können, können wir darangehen, die Aufmerksamkeit zu verfeinern. Solange wir uns bemühen, beim Atem zu bleiben, ist jede Sekunde wertvoll, da wir entweder Ruhe oder Einsicht entwickeln. Solange wir beim Atem bleiben, entwickeln wir Konzentration und erfahren ein gewisses Maß an Ruhe. Wenn wir abschweifen, werden wir das nach einiger Zeit bemerken. Wir registrieren kurz, was wir gedacht haben, benennen es mit einem einfachen Begriff, wie Denken, Hören, Vergangenheit oder Zukunft und gewinnen Einsicht in das, was uns beschäftigt. Dann kehren wir mit der Aufmerksamkeit zurück zum Atem.

Wir können den Atem an den Nasenöffnungen spüren, den Luftzug, den das Aus- und Einatmen verursacht, und begleiten diesen Prozeß, indem wir beim Ausatmen »Aus« registrieren. Beim Einatmen können wir die Aufmerksamkeit lockern.

Wir können auch auf das Heben und Senken der Bauchdecke achten oder auf die Atembewegungen im gesamten Oberkörper.

Sind wir eher unruhig, können wir für einige Zeit den Weg des Atems von den Nasenöffnungen bis in den Bauchraum und wieder zurück zur Nase verfolgen.

Mit zunehmender Vertrautheit und täglicher Übung über einen Zeitraum von einigen Monaten nimmt unsere Konzentrationskraft zu, unsere Aufmerksamkeit wird schärfer, und wir erfahren Momente der Ruhe und des Friedens.

Übung 2: Freude am Leben

Was immer wir tun, sitzen und den Atem spüren oder spazierengehen, etwas essen oder trinken, Musik hören oder eine Blume anschauen: Wir können unsere Wahrnehmung intensivieren, indem wir innehalten und »mit Freude« atmen, »mit Freude« essen, trinken, gehen oder schauen. Freude ist der Schlüssel zur Achtsamkeit, zur Präsenz, und Achtsamkeit der Schlüssel zur Freude. Je achtsamer wir dem gegenwärtigen Augenblick begegnen, desto mehr Freude spüren wir. Je mehr Freude wir spüren, desto achtsamer sind wir.

Zuerst üben wir diese freudvolle Präsenz mit angenehmen und neutralen Gefühlen. Mit der Zeit können wir sie auch auf unangenehme Gefühle ausdehnen. Übung 14 – Energie umwandeln – zeigt uns eine Methode, wie wir mit sogenannten negativen Emotionen umgehen und die in ihnen blockierte Energie befreien können.

Übung 3: Unangenehme Gefühle

Wir erinnern uns an eine Situation der letzten Tage oder Wochen, in der es uns nicht gutging. Vielleicht hat uns jemand in einem Gespräch verletzt oder wir hatten Zahnschmerzen. Vielleicht kam unser Auto nicht durch den TÜV. Wir lassen die Situation und die dazugehörigen Gefühle in uns lebendig werden.

Wir fragen uns: Wie habe ich auf diese Irritation reagiert? Habe ich ein großes Drama daraus gemacht oder die Irritation schnell überspielt? Bin ich wütend geworden oder habe ich die unangenehmen Gefühle wegerklärt oder einfach ignoriert und mich abgelenkt? Wie schnell habe ich die Irritation bemerkt? Haben andere sie bemerkt?

Wie fühle ich mich jetzt, wenn ich an diese Situation denke? Hat sich der Konflikt aufgelöst oder ist ein Rest geblieben?

Übung 4: Noch mehr unangenehme Gefühle

Wir fragen uns: Was bereitet mir häufig unangenehme Gefühle? Was bereitet mir Kummer? Worüber mache ich mir Sorgen? Wovor habe ich Angst? Was tut weh? Was verdirbt mir meinen Tag? Was verletzt mich? Worüber ärgere ich mich?

Hin und wieder können wir alles aufschreiben, was uns irritiert, verletzt, ärgert, ängstigt oder Sorgen bereitet und in Unruhe versetzt.

Was sind meine größten Probleme und Sorgen?

Was bereitet mir häufig Kummer? Wie gehe ich mit diesen alltäglichen Irritationen und Schwierigkeiten um? Wer weiß davon? Was kann ich von meiner Seite her tun oder lassen, um diese Probleme aufzulösen?

Übung 5: Ein Arbeitstag

Wir denken an einen ganz normalen Arbeitstag aus den letzten Tagen oder Wochen. Wir fragen uns: Was habe ich den ganzen Tag über, von morgens bis abends getan?

Dann schauen wir im ersten Schritt, über welche dieser Tätigkeiten wir uns gefreut haben, was uns Kraft gegeben und erfrischt hat.

Im zweiten Schritt schauen wir, welche Tätigkeiten uns schwergefallen sind, was uns Kraft gekostet und erschöpft hat.

Dann fragen wir uns: Wie reagiere ich, wenn mich eine Arbeit anstrengt oder ermüdet? Werde ich wütend? Suche ich nach einer oder einem Schuldigen? Esse ich etwas oder trinke ich die fünfte Tasse Kaffee? Greife ich zu einer Zigarette? Lenke ich mich ab und mache etwas anderes? Träume ich von einer anderen Arbeitsstelle oder vom Urlaub? Wie reagiere ich, wenn mich eine Arbeit anstrengt oder ermüdet?

Übung 6: Ein freier Tag

Wir erinnern uns an einen freien Tag der letzten Wochen. Wir fragen uns: Was habe ich von früh bis spät getan?

Was hat mir Freude bereitet? Was hat mir Kraft gegeben? Wobei habe ich mich lebendig gefühlt? Was hat mich inspiriert und bereichert?

Was habe ich aus Gewohnheit getan, aus Langeweile, aus innerer Unruhe?

Übung 7: Ein alltäglicher Konflikt

Wir denken an eine Situation, in der wir uns über etwas geärgert haben. Wir erinnern uns an den Ort, die Tageszeit, die Beteiligten, die Gesten und die Worte, die gefallen sind. Wir spüren die Irritation, den Ärger.

Wir fragen uns: Wie habe ich auf die Irritation reagiert? Mit Vorwürfen an andere, mit Selbstvorwürfen, Selbstzweifel und Niedergeschlagenheit? Habe ich den Konflikt schnell wegrationalisiert? Habe ich mich abgelenkt, etwas anderes getan, gegessen, mir einen Kaffee gekocht, geraucht, schnell über etwas anderes gesprochen?

Frage dich dann: Mit welcher Stimmung bin ich in diese Situation hineingegangen? Wie habe ich mich unmittelbar vor dieser Irritation gefühlt?

Frage dich dann: Habe ich mit derselben Person einen ähnlichen Konflikt gehabt? Habe ich mit anderen Personen ähnliche Spannungen erlebt? Kenne ich dieses Muster?

Habe ich schon Situationen erlebt, in denen ich lockerer mit diesem Konflikt umgegangen bin?

Wie würde ich gern in einer solchen Situation reagieren? Welche Personen und Umstände können mich darin unterstützen, mich kreativer, offener und aufmerksamer zu verhalten?

Übung 8: Die Umwelt als Spiegel

Vergegenwärtige dir eine Situation, in der du dich über das Verhalten einer anderen Person geärgert hast. Was hat deinen Ärger geweckt? Welche Worte, Gesten, Blicke und Verhaltensweisen haben dich verletzt?

Wie hast du auf die Irritation reagiert?

Frage dich jetzt: Gibt es irgendeine Beziehung zwischen dem Verhalten der anderen Person und deinem eigenen Verhalten? Seid ihr euch ähnlich oder eher gegensätzliche Charaktere? Erinnert dich dieses Verhalten an eigene überwundene Verhaltensweisen oder an das Verhalten von Menschen, die dir nahestehen oder -standen?

Spiele die Situation noch einmal durch und versuche sie als Spiegel zu sehen, in dem du etwas von dir sehen, etwas über dich erfahren kannst.

Übung 9: Neigung und Erfahrung

Denke an die vier, fünf Menschen, die zu deinem engsten Lebens-
kreis gehören, Menschen, mit denen du regelmäßig zusammen
bist.
Welche ihrer Verhaltensweisen irritieren dich?
Welche Erfahrungen machst du mit den Menschen, die dir nicht
gefallen, die dich stören und ärgern? Sind sie schlampig oder
überordentlich? Neigen sie zur Arroganz oder zu Minderwertig-
keitsgefühlen? Sind sie übermütig und draufgängerisch oder eher
ängstlich und zurückhaltend, erfolgreich oder eher erfolglos?
Was haben ihre Verhaltensweisen mit deinen eigenen Neigun-
gen und Verhaltensweisen zu tun?
Welche Erfahrungen würdest du gern machen? Was für Men-
schen hättest du gern in deiner Umgebung? Welche Eigenschaften
ziehen dich an?

Je mehr du diese Eigenschaften in dir entwickelst, desto eher
wirst du Menschen anziehen, die dir darin entsprechen. Statt über
fehlende Unterstützung zu jammern, kannst du versuchen, die
Eigenschaften zu fördern, die du anziehend findest.

Übung 10: Sternstunden

Wir erinnern uns an einen Augenblick aus den letzten Tagen oder
Wochen, in dem wir uns rundherum zufrieden gefühlt haben, eins
mit uns und der Welt. Vielleicht haben wir auf dem Weg zur Ar-
beit eine Blume gesehen. Vielleicht hat uns jemand im Bus an-
gelächelt. Vielleicht saßen wir am ersten warmen Tag im Jahr für
ein paar Minuten in einem Park und haben die Wärme der Sonne
genossen. Vielleicht haben wir bei einer Geburtstagsfeier unsere
Scheu überwunden und mit anderen zusammen ein Lied gesun-
gen. Vielleicht haben wir eines unserer Lieblingsbücher in die
Hand genommen und zwei, drei Zeilen oder einen Vers gelesen.

Vielleicht haben wir über ein Problem nachgedacht, und plötzlich ist uns eine einfache Lösung eingefallen.

Wir rufen uns eine dieser Sternstunden, einen dieser besonderen Augenblicke so deutlich ins Gedächtnis, daß wir das Gefühl spüren, das wir damals hatten.

Dann schauen wir, was diese Situation beeinflußt hat. Waren wir draußen in der Natur oder drinnen im Haus? Waren wir allein oder mit einer oder mehreren Personen zusammen? Saßen wir still oder haben wir etwas getan?

War die Situation vertraut oder ungewohnt?

Zum Abschluß fragen wir uns: Was kann ich in den nächsten Tagen tun oder lassen, um solche Momente zu fördern?

Übung 11: Wertschätzung für uns selbst

Wir denken an all unsere Fähigkeiten und Fertigkeiten, an all das, was wir können, was wir gern tun, was uns Freude bereitet.

Wir denken an alles, was uns im Leben gelungen ist, was wir genießen können, was uns fördert, inspiriert und stärkt.

Wir denken an Probleme, die wir gemeistert haben, an schwierige Situationen, aus denen wir das Beste gemacht haben.

Wir denken an Menschen, die uns in der Vergangenheit etwas Gutes getan haben und uns heute immer wieder Gutes tun. Wir denken an Menschen, von denen wir wichtige Dinge gelernt haben.

Aus ganzem Herzen freuen wir uns über all das Gute und Positive in unserem Leben und spüren das Vertrauen, daß wir aus allen Situationen das Beste machen können.

Übung 12: Wertschätzung für andere

Wir denken an ein, zwei Menschen, die uns nahestehen, die wir gut kennen. Wir denken an ihre guten Seiten, ihre Fähigkeiten und Stärken.

Wir denken an die Probleme, die sie schon gemeistert haben. Wir denken an das, was sie in diesem Leben schon gelernt haben. Wir denken an ihre Wünsche und Sehnsüchte.

Aus ganzem Herzen wünschen wir ihnen alles Glück der Welt. Mögen sie glücklich sein.

Wir können in dieser Übung zuerst an Menschen denken, die wir verehren, achten und mögen. Mit zunehmender Vertrautheit können wir sie ausdehnen auf Menschen, die wir nur flüchtig oder gar nicht kennen, auf Menschen, die in anderen Ländern wohnen. Zuletzt versuchen wir, Gedanken des Wohlwollens und der Liebe für die Menschen zu entwickeln, mit denen wir zur Zeit Schwierigkeiten haben, die wir nicht mögen.

Je offener unser Herz ist, je mehr und je häufiger wir das Gefühl des Wohlwollens anderen Menschen gegenüber spüren, desto leichter wird unser Leben und desto wohler fühlen wir uns.

Übung 13: Ent-Täuschungen

Erinnere dich an eine Situation, in der du sehr enttäuscht warst. Spüre die Enttäuschung im Körper.

Frage dich: Welche Bedürfnisse kamen in den Erwartungen zum Ausdruck? Was wollte ich bekommen, erleben, spüren?

Was habe ich von den Beteiligten in der Situation erwartet?

Was habe ich möglicherweise falsch eingeschätzt?

Gibt es andere Möglichkeiten, diese Bedürfnisse zu stillen, diese Wünsche zu erfüllen?

Kann ich meine Vorstellungen über mich selbst und über die anderen durch diese Erfahrung korrigieren und verändern? Kann ich mich und sie realistischer sehen, mit Stärken und Schwächen?

Wir können die Situation noch einmal durchspielen und dabei unsere Bedürfnisse deutlicher spüren und klarer äußern und die Beteiligten in ihren Stärken und Schwächen realistischer sehen.

Übung 14: Energie umwandeln

Denke an eine Situation, in der du dich geärgert und Wut, Ohn-macht, Unsicherheit oder Angst gespürt hast. Spüre den Druck im Körper, die Verspannungen.

Spüre die Kraft, die in diesem Druck steckt.

Visualisiere nun die Energie, die du spürst, als Licht oder Wärme im Körper. Spüre, wie sie sich im ganzen Körper ausbrei-tet. Spüre deine Kraft, deine Energie.

Wir können diese Übung zuerst in Meditationssitzungen syste-matisch einüben und mit der Zeit auch im Alltag einsetzen, wenn wir emotional aufgewühlt sind oder uns wütend, hilflos und ohn-mächtig fühlen.

Übung 15: Vom Atem lernen

Wir folgen für einige Momente dem natürlichen Atemfluß. Wir at-men ein und nehmen an, was geschieht. Wir atmen aus und las-sen Widerstände los.

Dann denken wir an eine schwierige Situation aus der Vergan-genheit, vielleicht unsere Widerstände gegen eine Veränderung oder ein Geschehen.

Wie hat sich der Konflikt aufgelöst?

Was folgte aus dem Konflikt? Was hat der Konflikt bei mir und den anderen bewirkt?

Wie fühle ich mich jetzt, wenn ich an die Situation und ihre Folgen denke?

Dann folgen wir für einige Augenblicke dem Atem. Wir atmen ein und nehmen an, was geschieht. Wir atmen aus und lassen un-sere Widerstände los.

Im zweiten Schritt denken wir an eine Veränderung, die wir gut annehmen konnten.

Wie fühlten wir uns am Anfang?

Was trug dazu bei, daß wir keine Widerstände entwickelten? Welche Folgen hatte die Veränderung für uns und die anderen?

Wie fühlen wir uns jetzt im Augenblick, wenn wir an diese Veränderung denken?

Im dritten Schritt denken wir an einen aktuellen Konflikt. Wir erinnern eine konkrete Situation und spüren unseren Widerstand gegen das, was geschieht.

Wir lernen vom Atem. Wir atmen ein und nehmen an. Wir atmen aus und lassen los.

Wir können an dieser Stelle weitere unangenehme Erfahrungen der letzten Tage und Woche aufnehmen und schauen, welche Erwartungen hinter unseren unangenehmen Gefühlen und Erfahrungen stehen. Im Freiraum einer Entspannungsübung, im Labor unserer Innenwelt, können wir ausprobieren, was geschieht, wenn wir Vorstellungen korrigieren. Ent-Täuschungen weisen uns klar und deutlich darauf hin, daß wir uns getäuscht haben, daß unsere Erwartungen und Ansprüche im Widerspruch zur Wirklichkeit stehen. Nur wenn wir immer wieder am eigenen Leib erfahren, wie sich Ent-Täuschungen auflösen, wenn wir unsere Täuschungen erkennen und loslassen, wird dieses Denken Teil unseres Lebens, zu einer praktischen Magie, die uns aus dem Leiden heraus ins Glück der Offenheit, der Gegenwärtigkeit und Lebensfreude führt.

Übung 16: Mit Freude gehen

Als Ergänzung zur Sitzpraxis können wir regelmäßig oder hin und wieder eine Übung im Gehen durchführen. Gehen wir allein spazieren oder einkaufen, können wir mit etwas Übung auch einige Momente oder Minuten »mit Freude«, mit Achtsamkeit gehen.

Für eine Gehübung beispielsweise in der Wohnung oder im Garten suchen wir uns eine Strecke von etwa 20–30 Schritten und gehen anfangs im normalen Schrittempo hin und her. Wir richten unsere Aufmerksamkeit auf die Füße, auf unseren Kontakt mit dem Boden und registrieren »links«, »rechts«, wenn wir den jeweiligen Fuß auf die Erde setzen.

Dann verlangsamen wir das Tempo und gehen in Zeitlupe. Wir registrieren die einzelnen Phasen des Gehvorganges und benennen sie mit »heben, oben, senken«. Schweifen wir mit den Gedanken ab, registrieren wir, was wir gerade denken und benennen es mit einem einfachen Begriff wie »Vergangenheit, Zukunft, Denken, Hören, Pläne« und kehren zurück zum Gehvorgang.

Wir können das Gehen auch mit einfachen Sätzen oder Worten verbinden: »Ja zum Leben« (rechts) und »Danke fürs Leben« (links). Beim schnellen Gehen können wir im Rhythmus des Gehens »Ja – Danke« sagen.[1]

Wie geht es weiter?

Bücher, die uns zum eigenständigen Üben, zur Innenschau und zum Innehalten anregen, können die tägliche Praxis sehr unterstützen. Kein Buch kann jedoch eine persönliche Einführung in die Praxis der Meditation ersetzen. Alle schriftlichen Anleitungen zur Meditation gewinnen ihre volle Wirkungskraft erst durch zusätzliche mündliche Unterweisungen durch kompetente Personen. Im Anhang erhalten Sie einige Hinweise auf Lehrerinnen, Zentren und Bücher, die Sie auf Ihrem Weg zur inneren und äußeren Freiheit und zum inneren Frieden unterstützen können. Bei der Auswahl von Meditationskursen und von weiterer Lektüre empfehle ich Ihnen, sich nach Möglichkeit von Personen beraten zu lassen, denen Sie vertrauen und die selbst üben.

Teil Drei: Frauen und Buddhismus

1 Frauen stellen Fragen

Manche Frauen »vergessen« oder ignorieren ihr Geschlecht, wenn sie sich mit buddhistischen Lehren und Übungen befassen. Manche aber stellen Fragen. In diesem Kapitel möchte ich typische Fragen aufnehmen und einige vorläufige Antworten geben. Eine systematische Aufbereitung der Fragen und Empfehlungen würde suggerieren, daß es bereits einen klaren Weg für Frauen im Buddhismus gebe. Da das nicht der Fall ist, möchte ich eher assoziativ einige Fragen ansprechen und meine Erfahrungen und Empfehlungen zur Diskussion stellen. Mein Fazit bislang: Es gibt derzeit keine wirklich frauenfreundliche Tradition des Buddhismus. Wer das behauptet, nimmt entweder die Fragen der Frauen nicht ernst oder versteht sie nicht. Ich vertraue aber darauf, daß sich der Buddhismus im Westen sehr verändern wird, wenn Frauen ihre Stimme erheben und die überlieferten Lehren um ihre Erfahrungen bereichern.

Frauenfeindliche Aussagen in den Lehren

Wie gehen Frauen und Männer bislang mit frauenfeindlichen Aussagen in den Lehren um? Was folgt aus bestimmten Strategien? Hier werden ohne Anspruch auf Vollständigkeit einige typische Haltungen nachgezeichnet.

Ignorieren: Man kann derartige Aussagen einfach ignorieren und sich mit den Lehren befassen, die inspirieren. Mit dieser Haltung geht oft die Neigung einher, das eigene Geschlecht zu »vergessen«, es ebenfalls zu ignorieren. Ein häufiges Argument dafür ist:

»Ich bin zwar körperlich eine Frau, aber der Geist ist jenseits von Geschlecht, also kümmere ich mich nicht darum.«

Relativieren: Man akzeptiert derlei Textstellen als zeitbedingte Aussagen, die den Kern der Lehren nicht beeinträchtigen. In patriarchalen Zeiten gibt es patriarchale Mönche, und die schreiben solche Dinge auf. Wer weiß, ob der Buddha das wirklich gesagt hat. Man akzeptiert diese Aussagen als Teil der wechselhaften Geschichte, hält sie aber für unwichtig. Und – man glaubt, sie hätten keinen Einfluß auf die wesentlichen Lehraussagen. Ein Großteil der westlichen Lehrenden vertritt meist implizit und manchmal auch explizit diese Position.

Differenzieren zwischen *reiner* Lehre und späterer *Verfälschung*: Einige meinen, ein erleuchteter Meister wie der Buddha könne keine frauenfeindlichen Aussagen machen und interpretieren solche Textstellen als Zusätze frauenfeindlicher Mönche späterer Zeiten. Wenn man bedenkt, daß die Lehren einige Jahrhunderte nur mündlich überliefert wurden und erst kurz vor der Zeitenwende in Pali und Sanskrit aufgeschrieben wurden, wären verzerrende oder verfälschende Zusätze theoretisch im Bereich des Möglichen. Praktisch sind mündliche Überlieferungen nach allgemeiner Auffassung aber wesentlich präziser als schriftliche, und so bleibt diese These zwar denkbar, aber unsicher.

Differenzieren zwischen brauchbaren (*zeitlosen*) Lehren und frauenfeindlichen (*zeitbedingten*) Strängen: Interpretiert man die buddhistischen Traditionen als zeitlose Wahrheit in einem zeitbedingten Gewand, dann akzeptiert man, daß die Lehren auch die jeweiligen kulturellen Werte und sozialen Bedingungen widerspiegeln. Wenden wir die Lehren vom bedingten Entstehen auch auf Lehren und Übungen des Buddhismus an, können wir darauf vertrauen, daß westliche Übende und Lehrende miteinander die Formen schaffen werden, die nicht nur den heutigen Männern entspricht, sondern auch die Werte von Frauen aufnimmt.

Solange Frauen aufgrund ihres biologischen Geschlechts benachteiligt werden, kämpfen sie dafür, als vollwertige Mitglieder der menschlichen Gesellschaft angesehen zu werden. Während der Französischen Revolution machte Olympe de Gouges ihre revolutionären Brüder darauf aufmerksam, daß sie bei der Formulierung der »Allgemeinen Menschenrechte« die Frauen vergessen hatten. Die Männer hatten wie allgemein üblich Mann und Mensch gleichgesetzt und das zweite Geschlecht, den weiblichen Menschen, übersehen. Zu Beginn dieses Jahrhunderts kämpften Frauen um Zugang zu Bildung und für politische Rechte. Daran knüpfte die neue Frauenbewegung in den siebziger Jahren an und setzte sich ebenfalls für die Gleichberechtigung mit den Männern ein. Damals hatten die Frauen begriffen, daß sogenannte typisch weibliche Persönlichkeitszüge dem Verhalten aller Minderheiten und unterdrückten Gruppen entsprechen: Falschheit, Neid und Intrigen, Fügsamkeit und mangelndes Durchsetzungsvermögen, geringe geistige Beweglichkeit und dergleichen.

Anfang der siebziger Jahre entstand die feministische Therapie; sie arbeitete mit drei großen Themenbereichen: Umgehen mit Wut, Sorge für das eigene Wohl und Selbständigkeit. Knapp dreißig Jahre später kreisen die Fragen von Frauen in buddhistischen Seminaren immer noch um die gleichen Themen: Umgehen mit Ärger, Selbstvertrauen, Durchsetzungsvermögen und Beziehungen. Was bedeutet das? Haben die Frauen nichts dazugelernt? Sind sie immer noch keine allgemeinen Menschen geworden? Fallen sie immer noch auf die alten Rollenangebote herein, die in diesem Fall von buddhistischer Seite angeboten werden?

Ein Schluß liegt nahe: Jede Therapie, jede Religion, jede Philosophie und jeder geistige Weg ist so patriarchal oder frauenfreundlich wie die Frauen und Männer, die diesen Weg in der Vergangenheit gegangen sind und heute gehen. Die wunderbaren Lehren des Buddha enthalten zeitlose Wahrheiten und zeitbedingte Ansichten und Meinungen, Werte und Bräuche. Beides zu unterscheiden, ist die große und schwierige Aufgabe aller, die einen Weg gehen. Jeder Weg ist eine Gratwanderung. Letztlich wissen wir erst im nachhinein, ob es der rechte Weg war. Es ist einfacher und bequemer, ein modernes oder traditionelles System kritiklos zu akzeptieren und darauf zu vertrauen, daß die großen – meist männlichen – Autoritäten allwissend sind und in ihrer Weisheit stets das Richtige tun. Menschen mit geringem Selbstvertrauen neigen nun besonders dazu, Autoritäten kritiklos zu akzeptieren. Darunter sind viele Frauen. Solange sich Frauen am Freiheitsmodell Mann orientieren, steht ihr Selbstvertrauen auf tönernen Füßen. Es ist nur geliehen. Das wiederum fördert die Orientierung an vorgefundenen männlichen Maßstäben.

Dieses Buch beschreibt drei Frauenmodelle, die das Verhältnis von Frausein und Freiheit unterschiedlich bestimmen: Das Modell hierarchische Differenz (Frausein ohne Freiheit), das die Frauenrolle passend auf den Mann zuschneidet. Das Modell Gleichberechtigung (Freiheit ohne Frausein), mit dem sich die moderne Frau an das Modell Mann angleicht. Eine Variante davon ist das Modell geschlechtsneutrales Individuum; auch da geht es um Freiheit ohne Frausein. Eine Verbindung von Frausein und Freiheit postuliert das Modell Geschlechterdifferenz. Es geht von zwei biologischen Geschlechtern aus, schreibt aber die sozialen Rollen nicht fest. Es läßt sich gut mit dem buddhistischen Ansatz vom bedingten Entstehen verbinden, denn es lehnt das Konzept von einem »natürlichen« Wesen der Frau und festgefügten Frauenrollen ab. Wie sie sich verändern, bestimmen (hoffentlich) die konkreten Frauen einer bestimmten Zeit mit ihrem Denken, Sprechen und Tun. Das gleiche gilt sinngemäß für Männer und Männerrollen.

Mut zu Fragen

Es ist nicht einfach, Fragen zu stellen. Frau braucht dazu den Mut, sie und sich wichtig zu nehmen, gerade dann, wenn mitübende

Frauen und Männer dabei die Augen verdrehen und sagen: »Schon wieder diese feministischen Fragen. Das ist doch alles kalter Kaffee. Das haben wir doch vor zwanzig Jahren schon alles geklärt.«

Alle buddhistischen Schulen wollen die Menschen aus dem Leiden in den großen Frieden führen. Dabei setzen sie unterschiedliche Schwerpunkte und verwenden unterschiedliche Methoden, die unter verschiedenen kulturellen Bedingungen entwickelt und formuliert wurden. Der frühe Buddhismus lehrt Einsicht in die drei Daseinsmerkmale – Leiden, Unbeständigkeit und Substanzlosigkeit aller Phänomene – als Weg aus dem Leiden. Einsicht ist damit der Weg zu Mitgefühl und Liebe. Das Mahayana spricht von Weisheit und Mitgefühl und lehrt Mitgefühl als praktischen Weg zur Einsicht, daß alles leer ist. Mitgefühl gibt uns die Kraft, alle Schwierigkeiten auf dem Weg zu meistern. Der tantrische Buddhismus arbeitet mit den beiden Begriffen Glückseligkeit und Leerheit und lehrt nicht-dualistische Freude als Weg zu tiefer Weisheit. Tiefe Weisheit manifestiert sich als Liebe zu allen Wesen und als Kraft und Geschick, aus allen Situationen das Beste zu machen.

An welche Menschen richten sich diese Lehren und Übungen? An den allgemeinen Menschen, ohne Ansehen von Geschlecht, Kultur und sozialer Herkunft – meinen viele Lehrende. Manche akzeptieren, daß die Lehren in zeitbedingte Gewänder verpackt sind. Sie sind versteckt hinter feudalen Sitten und Gebräuchen, und der Blick auf die Welt ist der Blick des Mannes, doch, so meinen sie, das alles spiele keine Rolle. Und wenn es eine Rolle spiele, seien die Auswirkungen unbedeutend. So kommt es, daß diese Fragen keinen interessieren und niemand sie freiwillig anspricht.

Fünf Fragenkomplexe bewegen viele Frauen auf dem Weg: Umgehen mit Leiden; der Ausdruck von Wut, Ärger und sonstigen »negativen Emotionen«; Selbstwertgefühle und Selbstvertrauen; Liebesbeziehungen und das Verhältnis zum Körper und den Sinnen und die Rollen der Lehrenden.

Im Mahayana ist Mitgefühl der Motor für die geistige Entwicklung. Zusammen mit den Lehren vom bedingten Entstehen und seiner Kehrseite, der Leerheit, ist es die Essenz des Großen Fahrzeugs. Mitgefühl wird definiert als der Wunsch, sich und andere von Leiden zu befreien. Aber nur wenn ich mein eigenes Leid als solches erkenne, entsteht der Wunsch, mich davon zu befreien. Halte ich das ständige Springen von einer Tätigkeit zur nächsten für Glück, werde ich den Mangel an innerer Ruhe nicht spüren und mich nicht nach Frieden sehnen. Nur wenn ich hinter Arroganz und Härte, hinter Jammern und Intrigieren den Schmerz meiner Mitmenschen spüre, wünsche ich ihnen von Herzen, daß sie sich davon befreien können und werde sie dabei nach Kräften unterstützen.

Die Empfehlung, sich in das eigene Leid und das anderer Menschen einzufühlen, ist eine große Inspiration für alle Menschen, die wenig über sich wissen, sich selbst wenig spüren und gewohnt sind, über die Interessen anderer hinwegzugehen. Diese Lehren scheinen sich an klassische (männliche) »Haudegen« in Ost und West zu richten, die vom Ideal des Mitgefühls berührt, sich dem Dienst am Nächsten zuwenden sollen und es oft auch tun.

Was jedoch geschieht in einer Frau, der man beigebracht hat, sich in andere einzufühlen und auf sie einzugehen, wenn sie diese Lehren hört? Manche fühlen sich in ihrer Lebenseinstellung bestätigt und aufgewertet. Sie fahren allerdings auch damit fort, ihre eigenen Grenzen zu ignorieren und »für andere« zu leben. Moderne Frauen, die gerade mühsam lernen, ihre eigenen Bedürfnisse wahrzunehmen und auszudrücken, fühlen sich in alte Rollen zurückgedrängt.

Seit den siebziger Jahren werden in den helfenden Berufen die Einstellungen beim Helfen hinterfragt. Frauen haben inzwischen entdeckt, daß sich die Symptome des Helfersyndroms mit der klassischen Frauenrolle weitgehend decken. Mit dem Schlagwort »Helfersyndrom« werden bestimmte Einstellungen und Verhaltensweisen assoziiert: Helfen als innerer Drang, ein negatives Selbstbild, verborgene narzißtische Bedürftigkeit, unterdrückte und verdrängte Aggressionen, gering entwickelte Subjekthaftigkeit (vor allem bei Frauen), Überidentifikation mit dem Klientel, starre Ichidentität und Überidentifikation mit hohen Idealen (vor allem bei Männern), hierarchische Beziehungen zur Klientel und geringe Fähigkeit zu gleichberechtigten Beziehungen.[1]

Der Buddhismus unterscheidet zwischen Mitgefühl und Mitleid und nennt Mitleid den »nahen Feind« des Mitgefühls, da wir sie leicht miteinander verwechseln. Setzen wir diese Unterweisungen in Beziehung zu unserem heutigen Wissen über Geschlechterrollen und Helfersyndrom, können wir Fallen vermeiden und Mitgefühl als Triebkraft des Weges nutzen.

Mit Mitgefühl nehmen wir Leiden wahr, verstehen, wie es entsteht, wissen, daß es unbeständig ist und wieder aufhört, haben daher keine Angst davor und können es verarbeiten. Mit diesem Wissen können wir uns in das Leiden anderer einfühlen, ohne uns damit zu identifizieren und nach besten Kräften helfen. Wir wissen, daß die Ursachen von Leid in den beteiligten Personen liegen, und erwarten von uns selbst nicht, daß wir mit etwas mehr Einsatz alle Probleme lösen können. Wir tun unser Bestes und können in einer unvollkommenen Welt leben. Wenn wir die Mechanismen von Leiden, sein Entstehen und seine Auflösung, nicht verstehen, haben wir Angst vor dem Leid, laufen weg, verdrängen es und identifizieren uns dann stellvertretend mit dem Leid anderer. Wir glauben, die ganze Welt retten zu müssen, und setzen uns und andere ständig unter Druck. Das nennt die Tradition zu Recht Mitleid, denn wir leiden mit.

Wut und Ärger

Nehmen wir einmal an, das Ausmaß an Unzufriedenheit, das wir erleben, stimuliert unser Interesse an der inneren Entwicklung, und das Ausmaß an Wohlbefinden und Glück ermöglicht uns, mit uns selbst zu arbeiten. Wir versuchen also, unser Verhalten mit Körper, Rede und Geist achtsam zu registrieren, unsere Einstellungen immer genauer kennenzulernen und die Folgen unseres Handelns zu beobachten. Wir stärken unsere Wachheit durch die Arbeit mit ethischen Richtlinien und versuchen, mit angenehmen, unangenehmen und neutralen Gefühlen klug umzugehen. So weit, so gut.

Üben sich westliche Frauen und Männer in Ethik, Liebe, Mitgefühl, Einfühlung und Achtsamkeit, kann es zu Fehlentwicklungen kommen, wenn sie die kulturellen Bedingungen und die Rollenbilder, mit denen sie leben, nicht berücksichtigen. Es gibt typische Fallen, in die westliche Menschen geraten, wenn sie beispielsweise versuchen, ihre negativen Gefühle nicht auszudrücken, weil die buddhistische Tradition das als unheilsam beschreibt.

Schaut man sich Übende des Buddhismus in Deutschland an, bekommt man bei einigen leicht den Eindruck, es gehe vor allem darum, sich langsam zu bewegen und mit sanfter Stimme vom »Guten, Wahren und Schönen« zu reden. Neben dem Einfühlen in andere wird vor allem die Tugend der Geduld hochgehalten. Wir sollen alle heftigen Emotionen möglichst vermeiden und allen Wesen gegenüber freundliche Gefühle hegen. Ayya Khema faßt die buddhistischen Aussagen zur Gefühlswelt folgendermaßen zusammen: »Die vier göttlichen Verweilungen – Liebe, Mitgefühl, Freude und Mitfreude und Gleichmut – sind die einzigen Gefühle, die sich ›lohnen‹. Alle übrigen Emotionen führen nur zu Leiden.« Wenn wir klug sind, verzichten wir also besser auf Wut und Ärger, Neid und Eifersucht, Verlangen und Begehren. Das ist leichter gesagt als getan. Und viele Frauen fragen sich, ob sie das überhaupt wollen.

Frauen, die gelernt haben, freundlich und harmonisch aufzutreten und, aus Angst vor Liebesentzug, Abneigung eher verdrängen und Wut bewußt oder unbewußt hinunterschlucken, folgen diesen Unterweisungen meist sehr bereitwillig. Damit laufen sie Gefahr, ihre Abhängigkeit von der Zuwendung anderer zu stabilisieren, weiterhin Abneigung zu verdrängen oder sie gegen sich selbst zu richten.

Frauen, die in Frauengruppen oder mit psychotherapeutischer Unterstützung endlich gelernt haben, ihren Ärger zu spüren und sich nicht mehr dafür verurteilen wollen, wehren sich, manchmal sehr vorsichtig und höflich, manchmal sehr aufgebracht und häufig auch nur mit einem ungläubigen Kopfschütteln gegen die scheinbare Wiederauflage alter Muster.

Wie könnte nun ein produktiver Umgang mit heftigen Gefühlen wie Ärger und Wut aussehen?

Gefühle und Reaktionen

Es gibt unterschiedliche Schattierungen und Ausdrucksformen von Ärger und Wut, die alle auf Abneigung zurückzuführen sind. Die »Lehrerhandbücher« des Buddhismus (Skt. *abhidharma*[2]) nennen in einer klassischen Liste einundfünfzig zentrale geistige Prozesse. Sechs davon sind die bei allen Menschen anzutreffenden Wurzel- oder Hauptverblendungen: Habenwollen und Gier, Nichthabenwollen und Abneigung, Aufgeblasenheit und Arroganz, Unwissenheit und Ignoranz, Zweifel und verkehrte Ansichten. In der Liste der zwanzig zweitrangigen oder Nebenverblendungen gelten vier als hauptsächlich durch Abneigung motiviert: Angriffslust, Groll oder Rachsucht, Gehässigkeit und Böswilligkeit. Sie werden alle als bewußte Haltungen verstanden.

Fünf Haltungen haben etwas mit Lügen und bewußtem Verheimlichen zu tun: Verheimlichen, Betrügen, Heucheln, Schamlosigkeit (ohne Bezug zu eigenen Werten) und Rücksichtslosigkeit (ohne Rücksicht auf andere). Der Prozeß des Verdrängens wird nicht erwähnt, es gibt auch keinen Begriff dafür. Tarab Tulku meinte in einem Kurs über diese einundfünfzig Prozesse, Verdrängen könne man als eine Kombination von Abwehr und Unaufmerksamkeit verstehen. Westliche Menschen können der Neigung zum Verdrängen leichter auf die Spur kommen, wenn sie auf Körperempfindungen achten und lernen auf die Signale des Körpers zu hören.[3]

Mit jeder eingefahrenen Reaktion statten wir das Gefängnis unseres konditionierten Verhaltens mit immer dickeren Mauern aus und wundern uns, warum das Leben so langweilig, kompliziert oder festgefahren ist. Wir machen den ersten Schritt in die Freiheit, wenn wir merken, daß wir im Gefängnis sitzen; wenn uns aufgeht, daß wir automatisch und nicht spontan handeln; wenn wir merken, daß unser Verhalten weder rational wohlbegründet ist noch spontan und intuitiv entsteht, sondern wir unwillentlich und unbewußt eingefahrenen Mustern folgen. Spontanes Verhalten entsteht der Tradition zufolge aus innerem Raum. Ohne offenes Gewahrsein für den inneren und äußeren Raum, in dem alles geschieht, bleibt alles Verhalten angelernt. Ob wir dabei festgefahrene Ansichten und Meinungen oder emotionale Muster wiederholen, macht kaum einen Unterschied, auch wenn kluge Ausreden und komplizierte Rechtfertigungen in unserer Kultur eher akzeptiert werden als emotionale Reaktionen.

Negative Gefühle

Was sind nun negative Gefühle oder unheilsame Reaktionen? Die Tradition definiert unheilsame oder aufgewühlte Gefühle (Skt. *klesha*) als emotionale Zustände, die den inneren Frieden zerstören. Als unheilsam gelten die Emotionen, die mit Gier, Ablehnung und Verblendung einhergehen und Leiden nach sich ziehen. Abneigung ist meist eine automatische Reaktion auf unangenehme Gefühle. Sie geht im allgemeinen mit Spannung und Unruhe einher und zieht weitere Spielarten wie Ärger und Wut, Rachsucht und Groll nach sich. Jede Art von Abneigung ist im Augenblick des Erlebens schmerzhaft und zieht meist weitere Unzufriedenheit nach sich. Der Haussegen hängt schief, die Stimmung bleibt gedrückt, wir selbst und andere sind irritiert und verletzt. Ärger und Wut sind fast immer Ausdruck von Ohnmacht:

Etwas läuft nicht so, wie wir es gerne hätten, wir fühlen uns als Opfer der Umstände und des Verhaltens anderer Menschen und wissen uns nicht zu helfen. Darauf reagieren wir mit Ärger und Wut.

Energie und Klarheit

Viele Menschen, Männer wie Frauen, betrachten den Ausdruck von Ärger deshalb als sinn- und wertvoll, weil sie sich darin als lebendig und kraftvoll erleben. Streit wird auch deshalb positiv gesehen, weil sich dadurch Standpunkte klären können und notwendige Veränderungen in Gang gesetzt werden. Ein bekannter Ausspruch des griechischen Philosophen Heraklit lautet: »Krieg ist der Vater aller Dinge.« Sicherlich kann die bloße Unterdrückung von Abneigung, Wut und Ärger nicht Sinn und Zweck ethischen Verhaltens sein.

Die Zähmung des Kriegers

Die buddhistischen Lehren legen großes Gewicht auf die Eindämmung bewußt aggressiver Einstellungen und Verhaltensweisen mit dem Argument, daß sie meist für alle Beteiligten zu Leid führen. Anregungen zum klugen Umgehen mit Selbstablehnung und Verdrängen und zur Auflösung depressiver Strukturen gibt es kaum. Aus historischen Gründen ist das verständlich. Von Anfang an richteten sich die buddhistischen Lehren in erster Linie an die männlichen Mitglieder der jeweiligen Gesellschaften und orientierten sich an ihnen. Deshalb ist es nur folgerichtig, wenn sie den »normal« erzogenen Männern ihrer Zeit Anweisungen zum Abbau von Wut und Ärger geben. Zwar konnten auch Frauen den Weg des Buddha gehen, galten aber eher als Nebenpublikum. Wut und Ärger waren damals ein wichtiges Thema, weil zu Lebzeiten des Buddha kleine und große Fürstentümer miteinander im Krieg lagen, und Unsicherheit, Gewalt, Tod und Entbehrung Alltag waren. Der historische Buddha Siddhartha Gautama gehörte zur Kriegerkaste und kannte die Folgen aggressiver Einstellungen, von Rachsucht, Böswilligkeit und Groll aus den Erzählungen seiner Angehörigen und Zeitgenossen. Es gehörte zu den Aufgaben seines Vaters, Recht zu sprechen und zwischen streitenden Parteien zu vermitteln. Auch das waren wohl meist Männer.

Wenn das hauptsächliche Publikum der Lehren bislang Männer waren und die Weitergabe der Lehren auch überwiegend in den Händen von Männern lag, wundert es nicht, wenn eine Religion, die bei eigenen Erfahrungen ansetzt, sich in erster Linie am Modell Mann orientiert. Wenn sich jetzt im Westen viele Frauen mit Buddhismus befassen und Frauen den Lehren nicht nur zuhören, sie übersetzen und männlichen Meistern zur Seite stehen, sondern selbst intensiv üben und lehren, ist es nur folgerichtig, wenn die Erfahrungen von Frauen aufgenommen und in den Lehren thematisiert werden. Neue Zeiten fordern und bringen neue Lehren. So war es schon immer in der Geschichte des Buddhismus.

Geschlechterrollen

Die Lehren vom Nichtausleben aggressiver Einstellungen treffen auf ganz bestimmte kulturelle Bedingungen im Westen. Die Erziehung im nordeuropäischen Kulturkreis fordert von allen Mitgliedern der Gesellschaft die Einschränkung bestimmter Emotionen. Auch wenn es Unterschiede zwischen Ländern und sozialen Schichten gibt, so heißt das Leitbild immer noch: Harte Jungs und sanfte Frauen. Jungen sollen nicht weinen und ihren zarten Gefühlen ab einem bestimmten Alter keinen Ausdruck mehr geben. Mädchen dürfen weinen und ihre sanften Gefühle ausdrücken, sollen aber freundlich und harmonisch und möglichst nicht aggressiv sein und keine Kraftausdrücke verwenden. Da es schwer ist, Gefühle, die wir erleben, nicht auszudrücken, verbannen wir sie in den emotionalen Untergrund. Wir verdrängen sie.

Wäre es möglich, ungeliebte Gefühle, Gedanken und Erinnerungen einfach abzuschneiden und sie damit für immer zum Verschwinden zu bringen, wäre nichts dagegen einzuwenden. Doch sie wirken unterhalb der Bewußtseinsschwelle weiter. Das führt zu körperlichen Spannungen und Schmerzen und zu unangemessenen Reaktionen. Je erfolgreicher wir heftigen negativen Gefühlen ausweichen, sie verdrängen und nicht mehr spüren, desto schwerer fällt es uns, angenehme Gefühle zu empfinden. Dann fehlen die emotionalen Höhepunkte, so daß Dumpfheit, Gleichgültigkeit und Oberflächlichkeit unser Leben prägen.

Wachsen traditionell erzogene Jungen zu Männern heran, fällt es ihnen schwer, sich in andere einzufühlen und Gefühle zu spüren und auszudrücken. Insbesondere gilt das für Unsicherheit, Trauer und zarte Gefühle. Manchmal lehnen sie den Ausdruck von Gefühlen auch bei Frauen ihrer Umgebung ab. Frauen hingegen passen sich ihrer Umgebung gerne einfühlsam an und »haben« einfach keine aggressiven Gefühle. Und wenn sie sie spüren, trauen sie sich oft nicht, sie auszudrücken. Aus Angst vor Liebesverlust und Zurückweisungen scheuen sie offene Auseinandersetzungen, bringen negative Gefühle nicht zum Ausdruck und weichen so letztlich dem Leben aus. Unerkannte Ablehnung führt zu Energieabfall; daher fühlen sich viele Frauen antriebsschwach, niedergeschlagen und müde. Angenehme und unangenehme Gefühle gehören zum Leben. Verdrängen wir sie, verlieren wir unsere Vitalität. Wenn wir mit ihnen arbeiten wollen, müssen wir sie erst einmal spüren.

Imitation des anderen Geschlechts

Seit fast einem Jahrhundert bemühen sich einige Frauen und Männer um eine Veränderung ihrer Rollen. Der Ausgang ist offen, denn die Verunsicherung ist groß. Es ist offensichtlich schwer, die mit eindeutigen Rollen verbundenen emotionalen Sicherheiten aufzugeben. Neben der Suche nach einem androgynen Verhalten ist eine Spielart die Imitation des negativen Verhaltens des anderen Geschlechts. Frauen verhalten sich wie kühle rationalistische Männer oder aufgeblasene Machos, und Männer mimen den emotionalen Vamp und die launische intrigante Frau. Auch hieran zeigt sich, daß man den mittleren Weg nicht auf Anhieb und durch geduldiges Nachdenken findet, sondern nur durch das experimentelle Ausloten der Extreme. Geduld auf allen Seiten und eine gute Portion Humor sind sicherlich hilfreicher als die hämische Arroganz über ungeschicktes Verhalten oder die einfallslose Beschwörung eingefahrener Geschlechterrollen.

Verleugnen und Verdrängen

Den Vorgang des Verdrängens kennt und erwähnt keine buddhistische Tradition. Auch der Westen kennt das Verdrängen erst seit Sigmund Freud. Sicherlich waren die Menschen jener Zeiten psychisch anders strukturiert als heutige Frauen und Männer im Westen. Selbst heute noch sind die meisten Menschen in Asien stärker ins Kollektiv eingebettet und daher psychisch weniger anfällig und verletzbar. Sie kennen und akzeptieren das bewußte Verheimlichen von Gefühlen, wissen aber nicht, was Verdrängen ist. Es gibt weder den Begriff noch das Konzept des Verdrängens, und die älteren asiatischen Lehrer verstehen auch nicht, was dabei in ihren westlichen Schülerinnen und Schülern vor sich geht.

Lehrer aus Asien, die schon lange im Westen leben und eine westliche Sprache sprechen, begreifen langsam, welch himmelweiter Unterschied zwischen *bewußtem Verheimlichen* und *unbewußtem Verdrängen* besteht und wie schädlich das Verdrängen für die geistige Entwicklung ist. Stellen sich westliche Lehrende ihren verdrängten Seiten nicht, laufen sie Gefahr, asiatische Gebräuche blind oder blauäugig zu imitieren und damit eigene Schwächen zu verbergen. Hier müssen westliche Frauen besonders aufmerksam sein und dürfen mit ihren Fragen nicht aus falscher Rücksicht hinterm Berg halten.

Die Arbeit mit verdrängten Gefühlen ist zentrales Thema vieler westlicher Psychotherapieansätze. Einige unterstützen vor allem ihre Klientinnen darin, sich heftiger und ablehnender Gefühle bewußt zu werden und sie auszudrücken. Viele moderne Frauen haben tiefe Einsichten in unbewußte Strukturen und Gefühle gewonnen, als sie in gestalttherapeutischen Sitzungen wütend auf Kissen und Matratzen einschlugen. Ziel dieser Arbeit ist die zunehmende Bewußtwerdung aller Gefühle und ihr angemessener Ausdruck. Das bedeutet nicht, alle auftretenden Gefühle, ohne Rücksicht auf die ihnen zugrundeliegende Einstellung und die für alle Beteiligten möglicherweise schmerzhaften Folgen, einfach auszuleben. Das würde nämlich nur eingefahrene Gewohnheiten und Ansichten stärken. Da Selbsterkenntnis im Buddhismus sowieso zentral ist, halten viele westliche Lehrende des Buddhismus auch das Ausleben von negativen und heftigen Gefühlen für sinnvoll und nützlich, solange es in einem therapeutischen Zusammenhang geschieht.

Wahrnehmen und Ausagieren

Welche Methoden sind nun geeignet, die Wahrnehmung innerer Prozesse zu stärken? Die Tradition beschreibt vor allem die Achtsamkeit für körperliche Prozesse und die Arbeit mit ethischen Regeln. (Vgl. Kapitel 2 und 5 in Teil 1.) Manche psychotherapeutischen Ansätze arbeiten darüber hinaus mit dem kontrollierten Ausdruck von bislang verdrängten Gefühlen und mit einer spielerischen, dramatischen Überspitzung innerer Prozesse. Das läßt sich nach Ansicht vieler westlicher Lehrender gut mit buddhistischer Achtsamkeitspraxis verbinden.

Eine zentrale Rolle im kreativen Umgang mit Gefühlen spielt die Aufmerksamkeit für körperliche Prozesse. Jede Art emotionaler Aufregung ist von körperlicher Spannung begleitet. Negativ sind für die buddhistische Tradition die Gefühle, die den Frieden des Herzens zerstören. Mit einiger Übung können wir das wirklich spüren, körperlich und seelisch. Unsere Kultur mißt bekanntlich vernünftigen Erklärungen und dem verbalen Ausdruck einen hohen Wert bei und ignoriert dabei körperliche und emotionale Befindlichkeiten. Deshalb übersehen wir die ersten Anzeichen von körperlichen Spannungen, überhören die leise Stimme einer ersten Abneigung und verlieren uns in Gedanken: Wir überlegen, was »richtig« ist und passen uns an die Erwartungen anderer an.

Da körperliche Verspannungen und unangenehme Gefühle aber durch Überhören und Verdrängen nicht verschwinden, äußern sie sich an anderer Stelle. Wir reagieren dann bei kleinsten Anlässen völlig überzogen und wundern uns über eine scheinbar aus dem Nichts entstandene Wut. Nach einem schwierigen Gespräch fühlen wir uns plötzlich kraftlos und müde. Zur Vorbeugung können wir uns darin üben, auf körperliche Spannungen zu achten, gleichgültig ob wir benennen können, was uns irritiert oder nicht. Nehmen wir leise Abneigungen frühzeitig zur Kenntnis, gibt es meist noch Raum, die Situation zu verändern. Beenden wir ein Gespräch, bevor wir völlig erschöpft sind, bringen wir eine Überforderung zum Ausdruck, bevor wir am Rande des Zusammenbruchs stehen, spüren wir unsere Grenzen und teilen sie anderen mit, bevor wir »außer uns sind«, dann bleibt ein gewisser Spielraum für unser Verhalten.

Manifester Ärger oder Rückzug in Müdigkeit und Niedergeschlagenheit sind häufig ein Notsignal. Wir ziehen die emotionale Notbremse, weil uns nichs Besseres einfällt. Je aufgeregter und irritierter wir sind, desto mehr fallen wir in eingefahrene emotionale Muster zurück. Bildhaft gesprochen werden wir zu pubertierenden Jugendlichen oder zu dreijährigen Trotzköpfchen, für die es nur die Alternative »alles oder nichts« gibt. Je früher wir unangenehme Gefühle und darauf folgende Irritationen bemerken, desto geschickter und kreativer können wir mit uns selbst, mit anderen und schwierigen Umständen umgehen.

Für Menschen, die Gefühle der Abneigung nicht oder kaum spüren, kann es sinnvoll sein, sie in geschützten Situationen auszuagieren. Die Gefahr, damit eingefahrene aggressive Muster zu stärken – das Gegenargument der Tradition –, ist gering, da diese Menschen ihre negativen Gefühle ja normalerweise gerade nicht ausagieren. Besteht die grundlegende Motivation bei solchen Übungen darin, sich der eigenen Gefühle und Muster bewußt zu werden, lassen sie sich produktiv mit buddhistischer Ethik verbinden. Manchmal ist bewußtes Übertreiben äußerst wirksam. Allein oder mit vertrauten Personen können wir bestimmte Emotionen dramatisch überspitzen. Das macht Spaß und bringt viele Einsichten in versteckte Ansichten, Muster und Gewohnheiten.

Selbstbilder und Ichgefühl

Das Herz des Buddhismus ist die Erkenntnis der Leerheit: Es gibt nichts, worauf man den Finger legen könnte. Vor allem, so heißt es, gibt es kein Ich. Das ist eine schwierige These für den Westen, wo Ichstärke ein unerläßliches Charaktermerkmal ist. Vor allem die psychoanalytische Arbeit unterstützt den Aufbau eines starken Ich. Aus dieser Richtung stammt auch die These: Damit man das Ich aufgeben kann, muß man es erst aufbauen.

Jemand anders sein wollen als man ist, führt zu Leiden. Überhaupt »jemand« sein wollen ist die Wurzel von allem Leid. Das sagt der Buddhismus. Hört eine Frau mit wenig Selbstvertrauen und einem schwach entwickelten Selbstwertgefühl diese Aussagen, mag sie denken: Ja, das stimmt. Sie kennt das Leid, das mit dem Kampf um ein stabiles Selbstwertgefühl verbunden ist und weiß, wie instabil ihr Ichgefühl ist. Dann läuft sie Gefahr, ihr mangelndes Selbstvertrauen in die eigenen Kräfte mit der buddhistischen These von der Leerheit des Ich zu verwechseln.

Der Buddhismus (und die Psychologie) unterscheidet zwischen Selbstvertrauen und dem Festhalten an einem rigiden Selbstbild. Alle Menschen brauchen Selbstvertrauen, wenn sie den Weg gehen wollen. Unrealistische Selbstbilder stehen dabei allen Menschen im Weg. Die traditionellen Lehren und Übungen von der »Leerheit des Ich«, von der »Ichlosigkeit« richten sich eher an traditionelle Männer, die sich selbst überschätzen und die Welt mit ihrem Willen beherrschen wollen. An (eher männliche) Menschen, die sich als Subjekt begreifen und den Rest der Welt als ihr Objekt sehen.

Viele Frauen sehen sich eher als Objekt und haben weniger Selbstvertrauen. Frauen (und unterdrückte Minderheiten) mit einer Objektidentität ziehen eher Nutzen aus Lehren über Buddha-Natur, aus Übungen, mit deren Hilfe sie in Kontakt mit ihrem guten Kern, ihrer Liebesfähigkeit, Kraft und intuitiven Weisheit kommen.

Liebesbeziehungen

Die meisten buddhistischen Schulen vertreten ein asketisches Ideal. Der historische Buddha war ein Mönch, und Liebesbeziehungen werden traditionell eher als Hindernis auf dem Weg gesehen. Als großer Pragmatiker und mitfühlender Lehrer wußte der Buddha, daß nur eine Minderheit den Weg des Zölibats und der Askese gehen würde. Der großen Mehrheit seiner Schülerinnen und Schüler – den sogenannten Laien – empfahl er daher ein von Achtung und Wertschätzung geprägtes Eheleben im Rahmen ethischer Richtlinien. Dennoch halten viele buddhistische Laien – damals und heute, in Ost und West – ein Leben im Zölibat für besonders heilsam. Sie glauben und lehren, daß auf dem geistigen Weg das Interesse an körperlicher Liebe, an Kindern und familiären Beziehungen abnimmt.

Die tantrischen Traditionen des Buddhismus hingegen arbeiten direkt mit den Sinnen, dem Körper und mit sexueller Energie. Die mir bekannten Aussagen über tantrische Beziehungen sehen diese eher funktional. Beziehungen werden »rituell« auf dem Weg zum Erwachen benutzt. »Normale« Sexualität und Beziehungen haben als solche auch im Tantra keinen Raum.

Auch im Bereich Beziehungen prägt der Blick des Mannes die Sicht der Welt. Frauen gebären Kinder und ziehen sie groß. Männer sind am Entstehen neuen Lebens beteiligt, haben bislang aber keine zentrale Funktion bei der Erziehung der Kinder. Asketische Richtungen in den Religionen erscheinen unter diesem Blickwinkel als metaphysische Kompensation für den Gebärneid der Männer. Vielleicht kann sich die Sehnsucht der Männer nach einem körper- und beziehungsfreien geistigen Himmel erst dann auflösen, wenn Männer wirklich Väter werden. Männer müssen heutzutage nicht mehr Tag und Nacht für den Unterhalt der Familie sorgen. Das gibt ihnen prinzipiell Zeit und Raum, sich mit ihren Kindern zu befassen.

Frauen auf dem buddhistischen Weg (und in anderen geistigen Traditionen) machen sich inzwischen Gedanken über »Beziehungen und Mutterschaft als Weg«, über »Sinne, Sinn und Sinnlichkeit« und »Liebe, Lust und Leidenschaft auf dem geistigen Weg«. Wir haben wenig Vorbilder, und wir dürfen und müssen experimentieren. Wenn Frauen und Männer Beziehungen ernst nehmen und lernen, mit-sich und mit-anderen zu sein, lösen sie damit den unseligen Gegensatz zwischen Leib und Seele, Himmel und Erde, Immanenz und Transzendenz ein Stück auf. Das zumindest ist die These von Luce Irigaray. Sie meint, daß wir mit einer respektvoll gelebten Geschlechterdifferenz den Schlüssel in der Hand halten, mit *allen* Unterschieden dieser Welt umgehen zu lernen.[4]

Die Rolle der Lehrenden

Welche Rolle spielt die Beziehung zwischen Lehrenden und Lernenden beiderlei Geschlechts auf dem geistigen Weg? Wir wissen aus unserem Alltag, wie wichtig Menschen beim Lernen sind. Weder in der Schule noch in der Universität, weder im Betrieb noch beim Sport können moderne Medien den persönlichen Kontakt mit Lehrerinnen und Lehrern ersetzen. Nicht nur Kinder lernen besser mit Menschen. Es gibt Menschen, die mit Hilfe von Büchern kochen, Gitarre spielen, einen Garten anlegen oder eine Fremdsprache verstehen lernen. Es sind aber wenige. Bücher und moderne Medien unterstützen den Lernprozeß, können aber den Kontakt mit menschlichen Vorbildern nicht ersetzen. Niemand wird sich mit einem medizinischen Fachbuch von Krankheiten heilen oder mit einem Handbuch der Psychotherapie eine Depression auflösen.

Zum Lernen gehören Menschen. Ganz besonders dann, wenn wir etwas über uns selbst lernen wollen. Sich selbst klar zu sehen, ist das Schwierigste auf der Welt. Auf einem geistigen Weg können uns Menschen begleiten, die den Weg selbst gehen. Die Tradition kennt unterschiedliche Kategorien von Lehrenden. Manche vermitteln in erster Linie Informationen. Sie erklären uns die Landkarte des geistigen Weges. Wer Karten lesen kann, kann auch über Gebiete sprechen, die er oder sie nicht selbst »bereist« hat. Allerdings brauchen solche Lehrende korrekte Landkarten, und die liefert ihnen eine authentische Tradition.

Wollen wir meditieren lernen, wenden wir uns am besten an Menschen, die selbst üben. Die Tradition spricht von »guten Freundinnen« (und Freunden, Skt. *kalyanamitra*) auf dem Weg. Sie führen uns in die Übung ein und begleiten uns auf dem Weg. Für diese Art Lehrende reicht es, wenn sie auf dem Gebiet mehr Erfahrung und Wissen haben, das sie uns beibringen. Es müssen keine Buddhas sein. Die tibetische Tradition geht davon aus, daß menschliche Vorbilder wichtiger und »gütiger« sind als der historische Buddha selbst. Warum? Wir können heute dem Buddha nicht mehr begegnen, doch die menschlichen Lehrenden können uns persönlich den Weg zeigen und uns begleiten. Daß sie menschliche Schwächen haben, hält die Tradition für einen großen Vorteil. Wären sie vollkommen, würden wir nie Mut fassen und den Weg selbst gehen. Menschen mit Schwächen zeigen uns, daß auch unvollkommene Frauen und Männer den Weg gehen können.

Die Lehrenden verfügen über sehr unterschiedliche Qualitäten. Manche haben nur etwas mehr Erfahrung und Einsicht als wir selbst, manche sind große Meisterinnen und Meister. Manche sind sogar Erwachte. Leider können wir nicht erkennen, auf welcher

Entwicklungsstufe sich Lehrende befinden. Im allgemeinen sind wir nur in der Lage, Menschen zu beurteilen, die sich »auf unserem Niveau« bewegen, mit kleinen Abweichungen nach »oben« und »unten«. Wie können wir nun feststellen, wem wir vertrauen können und wer uns auf dem geistigen Weg anleiten kann?

Der Dalai Lama sagt immer wieder: Religiöse Institutionen können nur die akademische Qualifikation einer Person feststellen und bestätigen. Institutionen können keine »Lehrer und Lehrerinnen« ausbilden. Jemand wird zu einer Lehrerin (oder einem Lehrer), wenn wir von dieser Person lernen können. Es sind also letztlich immer die Schülerinnen und Schüler, die jemanden »zum Lehrer machen«. Wir können also nur unserem Herzen folgen und schauen, ob wir mit und von einer Person lernen können. Dabei spielen ihre »objektiven« Qualitäten nur eine Nebenrolle. Wir wissen aus unseren alltäglichen Beziehungen, daß ein kleiner Satz, den wir lesen oder hören, unser Leben verwandeln kann. Die Person, die ihn äußert, muß deshalb noch lange kein Buddha sein.

Eine gute Orientierung gibt uns ein buddhistischer Merkvers: Verlasse dich nicht auf die Person, sondern auf das, was sie lehrt. Verlasse dich nicht auf die Worte, sondern auf das, was sie bedeuten. Verlasse dich nicht auf ihre herkömmliche Bedeutung, sondern auf ihren letztendlichen Sinn.

Gurus und Buddhas

Im Zen und in den tantrischen Traditionen sind Lehrende ganz besonders wichtig. Sie sind der entscheidende Faktor auf dem Weg. Sie provozieren durch ihr kluges, oft unorthodoxes Verhalten tiefe Einsichten bei ihren Schülerinnen und Schülern. Ich möchte hier einige Anmerkungen zur Rolle des Guru im Tantra machen. Wie sich die Beziehung zu einer oder einem Guru auf unser Leben auswirkt, können wir nur selbst erleben. Zwei bekannte Analogien: Wie Zucker schmeckt, kann man nur erfahren, wenn man Zucker schmeckt. Über die Liebe kann man zwar reden, doch was sie ist, kann man nur erahnen, wenn man sie erlebt.

Im Tantra spielen Bilder des Erwachens eine große Rolle. Wir meditieren über Buddhas und imaginieren uns in bestimmten Übungen selbst als Erwachte. Wir üben uns und alle Wesen als Buddhas, alle Orte als Mandalas – Wohnstätten der Buddhas – zu sehen, und alle Laute als Mantras zu hören. Mit der rechten Einstellung und einer entsprechenden Vorbereitung beschleunigen solche Übungen den Prozeß des Erwachens. Im Unterschied zu Menschen mit Größenwahn wissen die Übenden, daß sie noch nicht Buddha sind. Sie stellen sich das aber vor, und dadurch bereiten sie sich auf ihr Buddha-Sein vor.

Als Schlüssel zum Erwachen gilt bei diesen Übungen die Person des Guru, egal ob diese weiblich oder männlich ist. Idealerweise kennen wir die Guru lange, wir vertrauen ihr und wissen, was wir tun. Dann üben wir uns darin, sie als Erwachte zu sehen. Wozu soll das gut sein? Auf dem tantrischen Weg üben wir, alle Wesen als Erwachte, als Buddhas zu sehen, auch uns selbst. Bei unserer Guru fällt es uns wahrscheinlich am leichtesten, da wir sie schätzen und verehren. Können wir die Guru als Buddha sehen, ist das für die Tradition der schnellste Weg zum Erwachen.

In eine Falle geraten wir, wenn wir unsere Guru für »objektiv« erleuchtet halten und unseren gesunden Menschenverstand verlieren. Nach diesen Erklärungen ist die Guru die entscheidende »Methode« zum Erwachen, das wirksamste »Hilfsmittel« auf dem Weg. Ein unerwachter Geist voller »Gier, Haß und Verblendung« projiziert eine unvollkommene Welt. Ein erwachter Geist projiziert eine reine Welt. Gelingt es uns, ein menschliches Wesen mit Fehlern und Schwächen, unsere Guru, als erwacht zu sehen, wird unser Geist rein. Es ist nicht so wichtig, ob die Guru auch wirklich erwacht ist. Wenn wir sie als Erwachte sehen können, erhalten wir den Segen einer Buddha. Das sagt die Tradition. Ironischerweise können wir andere erst dann als erwacht sehen, wenn wir selbst erwacht sind.

Traditionell prüft man die Lehrenden mindestens drei, besser fünf und im Tantra zwölf Jahre. Man übt miteinander und stellt in diesem langen Prozeß fest, ob man miteinander arbeiten kann. Die meisten Übenden hier im Westen brauchen derzeit noch keine Gurus. Sie brauchen korrekte Informationen, klare Übungen und »gute Freundinnen und Freunde« auf dem Weg. Mit zunehmender geistiger Reife entdecken wir von ganz allein, was eine oder ein Guru ist. Die Beziehung zu den Lehrenden unterscheidet sich von einer Liebesbeziehung, doch in einem Aspekt ähneln sie sich: Solange wir uns fragen, ist sie nun meine Lehrerin oder nicht, ist sie es nicht. Wenn sich die Herzen begegnen, wissen wir Bescheid.

Wie in der Liebe gibt es viele Schattierungen und Varianten. Jede Beziehung, in der wir wesentliche Dinge lernen, ist anders. Zum Thema Guru sagte Lama Yeshe: »Der Guru ist kein Mann, der auf einem Thron sitzt und euch lehrt. Der Guru ist ein Pfeil, der euch mitten ins Herz trifft. Wer viel Glück hat, erlebt das einmal im Leben. Ich selbst hatte viele wunderbare Lehrer, von denen ich viel gelernt habe. Doch einer hat mein Herz ganz tief berührt. Das war mein Herzenslehrer, mein Guru.«

Wir können in aller Ruhe studieren und üben, mit den Menschen, die uns dabei inspirieren. Wir brauchen die oder den Guru nicht zu suchen. »Wenn die Schülerin reif ist, taucht die Lehrerin auf«, sagt die Tradition.[5]

2 Stellen Sie sich vor, Sie sind ein Mann

Haben Buddhas ein Geschlecht? Was haben Leib und Seele, Körper und Geist miteinander zu tun? Können Buddhas sexistisch sein? Transzendiert Erleuchtung soziale Rollen? Ich möchte meine Leserinnen und Leser einladen, mir auf eine Phantasiereise zu folgen. Machen Sie es sich bequem und lesen Sie das folgende:

Stellen Sie sich vor, Sie sind ein Mann! Sie interessieren sich für Meditation und für den Buddhismus. Sie besuchen einen tibetischen Tempel, legen Ihre Schuhe ab und treten ein. Da sehen Sie sie, an der Wand gegenüber dem Eingang: Buddha Tara auf einem kostbaren tibetischen Rollbild (*thangka*), vielleicht zwei mal drei Meter groß. Sie erinnern sich, Buddha war eine Frau. Alle tausend Lehr-Buddhas unseres glücklichen Zeitalters sind Frauen. So zumindest lehrt es die Tradition. Auf dem Thangka ist Buddha Tara umgeben von ihren 16 engsten Schülerinnen, den 16 Arhantis, befreiten, freien Frauen. Die Rollbilder, gesäumt von leuchtendem, schweren Brokat erstrahlen in wunderschönen Farben.[6]
 Sie haben Glück, heute wird eine berühmte buddhistische Meisterin einen Vortrag halten. Mit Hunderten von Menschen warten Sie auf die Ankunft der XIV. Dalai Lama, Friedensnobelpreisträgerin und beliebtes Oberhaupt des tibetisches Volkes. Sie wissen, daß die Dalai Lamas die Inkarnation der Lotosgöttin sind, der stets weiblichen Verkörperung von Liebe und Mitgefühl auf dieser Erde.[7] Die Dalai Lama wird von hohen Würdenträgerinnen begleitet, die sich genau wie ihr verehrtes Oberhaupt seit Jahrhunderten zum Wohl aller Lebewesen für eine weibliche Inkarnation entschieden haben.

Gerade treten die buddhistischen Nonnen ein, aufrechte, selbstbewußte, schöne Frauen in leuchtend roten und gelben Roben; sie werden respektvoll auf die für sie reservierten Plätze in den ersten Reihen geleitet. Hinter ihnen huschen die Mönche herein; etwas schüchtern und verschämt nehmen sie die hinteren Sitze ein. Sie kennen einige Geschichten über die Lamas der Tradition, die bis auf ein, zwei Ausnahmen alle Frauen waren. Über allen thront die friedliche und machtvolle Gestalt der Grünen Tara.

Der Vortrag der Dalai Lama ist erhellend und inspirierend. Sie fühlen sich verstanden in ihrem tiefsten Sein. Sie fühlen sich wohl im Kreis dieser nach Einsicht und Liebe strebenden Menschen. Und doch, etwas nagt. Wahrscheinlich »das Ego«, das haben Sie zumindest schon einmal in diesen Kreisen gehört. Wenn einem etwas seltsam vorkommt, sollte man immer zuerst daran denken, daß das bloß der Kampf »des Ego« gegen die Wirklichkeit ist.

Ein Huhn ist kein Vogel – ein Mann ist kein Mensch
(abgewandeltes russisches Sprichwort)

Stellen Sie sich nun vor – denken Sie daran, Sie sind ein Mann –, Sie wenden sich bei der nächstbesten Gelegenheit an eine buddhistische Lehrerin. In Ihrer Nähe findet ein Vortrag einer berühmten buddhistischen Nonne aus Sri Lanka statt. Etwas irritiert und verunsichert, aber gleichzeitig voller Vertrauen auf die Integrität dieser wunderbaren Nonnen (und Mönche), lassen Sie sich einen Termin für ein Einzelgespräch geben. Eine zweite Nonne bleibt im Zimmer, und auch die Tür wird nicht ganz geschlossen, denn ordinierte Nonnen (und Mönche) leben im Zölibat und sollen aus verständlichen Gründen mit einer Person des anderen Geschlechts nie allein sein.

Sie wenden sich also mit Ihrer Frage an die Ehrwürdige Nonne: »Ich schätze die Lehren und Übungen des Buddhismus sehr, doch warum gibt es fast überall nur Frauen, die lehren? Warum sind die Lehr-Buddhas immer Frauen? Warum sitzen die Nonnen in der ersten Reihe und die Mönche hinter ihnen?« Die Ehrwürdige Nonne sitzt völlig entspannt in ihrem Sessel und schlürft gemächlich einen Tee, den eine junge Novizin mit einer Verbeugung gerade serviert hat. Sie schaut Sie etwas verwundert, aber doch sehr mitfühlend an und sagt: »Junger Mann, machen Sie sich doch darüber keine Gedanken. Das Geschlecht spielt (fast) keine Rolle auf dem geistigen Weg. Üben Sie, und dann lösen sich alle Probleme von allein.«

»Ja, aber warum gibt es fast ausschließlich Lehrerinnen?« fragen Sie weiter. »Nun ja, einige Schriften sprechen davon, daß eine männliche Wiedergeburt weniger wertvoll ist als eine weibliche. Doch das bedeutet keinesfalls eine Diskriminierung von Männern. Das ist lediglich eine mitfühlende Beschreibung der sozialen Wirklichkeit.[8] Männer haben es einfach schwer, ihr Leben ist voller Mühe und Arbeit. Ich bete dafür, daß Sie im nächsten Leben als Frau wiedergeboren werden. Dann haben Sie es leichter. Sie können auch selbst für eine weibliche Wiedergeburt beten.«

Ja, denken Sie sich, Männer haben kein einfaches Leben. Man sieht uns trotz aller Gleichberechtigung immer noch ein wenig als Menschen zweiter Klasse an, als unvollständige Frauen, als Menschen, die eigentlich das »falsche« Geschlecht haben. Und das als Ausdruck von Mitgefühl zu sehen, ist ein interessanter Gedanke. »Ein Leben als Mann ist weniger wert als ein Leben als Frau.« Das ist eine rein deskriptive Beschreibung und keine normative Aussage. Vielleicht hilft mir das, meinen Weg als Mann im Buddhismus zu finden.

In der Leerheit gibt es weder Frau noch Mann

So weit, so gut. Nach einigen Wochen und Monaten hält eine berühmte Zen-Lehrerin einen Vortrag mit dem Titel: »Der große Weg ist ohne Mühe, für die, die nichts den Vorzug geben ...«[9]. Das klingt gut, nicht nach Bevorzugung eines Geschlechts, sondern richtig weise, nichtdualistisch. Auch hier lassen Sie sich wieder einen Termin für ein Einzelgespräch geben. In eleganten seidenen Roben sitzt die Ehrwürdige Äbtissin eines bekannten Zen-Klosters im Westen Ihnen gegenüber und schaut Sie aufmerksam an. Sie lächelt nicht, strahlt aber viel Ruhe und Klarheit aus. Wieder stellen Sie Ihre Frage: »Sehen Sie, ich finde das Zen wunderbar, na ja, etwas martialisch kommt es mir schon vor, aber im großen und ganzen gefällt mir die Ästhetik in der Zen-Halle, die Rezitationen und die große Ernsthaftigkeit und Ausdauer bei der Übung. Aber wie Sie sehen, bin ich ein Mann. Überall bin ich konfrontiert mit weiblichen Buddhas, mit Lehrerinnen, mit der Überlieferungslinie der großen Zen-Matriarchinnen, immer geht es um Nonnen und ihre Einsichten, und ich als Mann komme einfach nicht vor. Es fällt mir schwer, mich mit all diesen weiblichen Figuren zu identifizieren.«

»Junger Mann«, erwidert die Zen-Meisterin mit einem angedeuteten Lächeln, »junger Mann, ich gebe Ihnen einen Rat: Üben Sie, üben Sie mit großer Ausdauer. Bewegen Sie das Koan in ihrem Bauch, bis es sich wie eine rotglühende Feuerkugel anfühlt. Üben Sie, erleben Sie Leerheit. In der Leerheit gibt es weder Mann noch Frau, weder Körper noch Geist, und damit auch keine Probleme. Mann, Frau, Körper, Geist, das ist alles nicht wichtig, das ist bloß die Oberfläche. Sie müssen tiefer gehen. Üben Sie. Erkennen Sie Leerheit, dann lösen sich alle Ihre Fragen in einem großen Lachen auf. Glauben Sie mir, ich habe das selbst erlebt und mit mir alle großen Meisterinnen (und Meister) aller Zeiten und Räume.«

Sie nehmen sich den Rat zu Herzen und meditieren mit Ausdauer und Hingabe. Hin und wieder erleben Sie Momente, wo das Geschlecht wirklich überhaupt keine Rolle mehr spielt – in der Meditation und auf dem Kissen. Doch fast jedesmal, wenn Sie einen Vortrag besuchen, ein Buch aufschlagen oder eine Geschichte hören, steht eine Frau im Mittelpunkt, umsorgt von einer Riege junger Frauen oder Männer, die ihr mit Hingabe dienen.

Dann kommt eine große tantrische Meisterin, eine bekannte Lama[10] in Ihre Stadt, hält einen Vortrag über Freude und Weisheit und gibt anschließend eine »Einweihung in die Grüne Tara«, eine Einführung in die Meditation über eine weibliche Buddha-Gestalt. Bekannte und Freundinnen kennen sie von Kursen und empfehlen Ihnen, sich vertrauensvoll an diese charismatische Tibeterin zu wenden. Sie spricht perfekt Englisch, da sie auf einer katholischen Privatschule in Indien erzogen wurde und an einer englischen Universität westliche Philosophie studiert hat. Wieder wenden Sie sich vertrauensvoll an eine buddhistische Autorität und fragen: »Sehen Sie, ich achte und schätze den Buddhismus. Doch wie passe ich als Mann in diese Frauenreligion? Überall dreht es sich um Frauen. Na ja, es gibt im Tantra auch ein paar männliche Buddhas, aber lehren tun vor allem die Frauen.« Die tantrische Lama strahlt Sie charmant an und meint völlig entspannt: »Keine Sorge, junger Mann, Sie sind ein wundervoller und kostbarer Mensch. Sie sind ein wunderbarer Daka. Sie können uns Frauen helfen, unsere Kundalini-Kraft zu wecken und so Erleuchtung zum Wohle aller Wesen zu erlangen.«[11]

Damit endet die Phantasiereise.

3 Frauen und Männer

Befaßt sich eine Frau mit buddhistischen Lehren und Übungen und besucht sie Vorträge und Kurse, betritt sie eine Welt männlicher Symbole und männlicher Macht. Möglicherweise fängt sie an, über die Konsequenzen eines solchen Settings nachzudenken. Sie hört davon, daß einige Schriften ein Leben als Frau als nachteilig beschreiben. Ein tibetisches Wort für Frau bedeutet wörtlich »niedrige Geburt« (*kye men*).

Die tibetische Tradition nennt eine Liste von acht günstigen Eigenschaften, die einem spirituellen Leben förderlich sind, die siebte ist ein männlicher Körper.[12] Daß im Laufe einer patriarchalen Sozial- und Religionsgeschichte solche Aussagen gemacht werden, läßt sich nachvollziehen. Werden sie jedoch in einer Tradition beibehalten, hochgehalten und unkritisch gelehrt, ist das problematisch. Ich erinnere mich zum Beispiel an zwei westliche Mönche, die mir Anfang der achtziger Jahre völlig naiv anvertrauten: »Du tust mir leid. Ich habe es in diesem Leben endlich geschafft, Mann zu werden. Aber du kannst ja für eine männliche Wiedergeburt im nächsten Leben beten.« In Nepal begegnete ich einer westlichen Nonne, die mir strahlend erzählte, sie bete für eine männliche Wiedergeburt. Und diese Frau war in Kalifornien groß geworden!

Nonnen und Mönche

In vielen buddhistischen Ländern in Asien erhalten Mönche wesentlich mehr finanzielle Unterstützung als Nonnen. Gaben an Mönche gelten als verdienstvoller, also finanzieren reiche Frauen und Männer eher Mönche, da sie glauben, so mehr Verdienste auf ihrem »Karma-Konto« anzuhäufen und so günstige Bedingungen für eine glückliche Zukunft zu schaffen.

Es gibt mehrere bekannte Gründe für die weniger bedeutende Stellung der Nonnen in der buddhistischen Welt. Der Buddha selbst gründete zuerst den Mönchsorden, lehnte die Gründung eines Nonnenordens mehrfach ab und stimmte ihr erst auf wiederholtes Drängen zu. Sein Cousin und persönlicher Diener Ananda setzte sich gegen großen Widerstand für die Belange der Frauen ein und unterstützte die Forderung von Buddhas Stiefmutter und Tante Mahapajapati nach Gründung eines Nonnenordens. Mit einer großen Schar von Frauen aus dem Adel war sie zum Buddha gekommen, und alle Frauen trugen bereits orangene Gewänder und hatten ihren Kopf geschoren. Ein buddhistischer Lehrer aus dem Westen interpretiert den Zug der Frauen zu Buddha als erste Demonstration von Frauen für gleiche Rechte. Heutige Frauen können aus dem Verhalten ihrer Schwestern vor zweieinhalbtausend Jahren immer noch lernen, daß Frauen nichts geschenkt wird, sie aber ihre Ziele auch gegen Widerstand erreichen können. Sie müssen sich zusammenschließen und ihre Interessen gemeinsam vertreten, und sie können sich dabei meist auch auf einen gewissen Beistand aus dem Lager der Männer stützen.

Wohl aus Rücksicht auf die sozialen Strukturen seiner Zeit, die eine Unterordnung der Frauen unter die Männer forderte, unterstellte der Buddha den neugegründeten Nonnenorden der Obhut der Mönche. Jedes Kloster verwaltet sich selbst, die Leitung wird gewählt, und Entscheidungen werden nach dem Konsensprinzip gefällt. So werden auch Nonnenklöster im allgemeinen von einer Frau geleitet, doch sorgen acht zusätzliche Regeln für ihre Unterordnung unter den Orden der Mönche.[13] Die Regeln für das Leben der ordinierten Nonnen (Skt. *Bhikshuni*) und Mönche (Skt. *Bhikshu*) sind im *Vinaya*[14] gesammelt. Rund 250 Regeln unterstützen die Achtsamkeit der Mönche, vollordinierte Nonnen haben knapp hundert zusätzliche Regeln zu beachten.

Zur Zeit der Einführung des Buddhismus im asiatischen Raum gab es überall rege Nonnenorden. Heute findet man in vielen Ländern keine vollordinierten Nonnen mehr, sondern lediglich Novizinnen oder De-facto-Nonnen.[15] Das hat mit dem eigentlich sinnvollen Brauch zu tun, daß bei einer vollen Ordination von Frauen langjährige Nonnen mitwirken. Bei der Ordination von Männern wirken allerdings keine Frauen mit. Das hat der Tradition zufolge nichts mit Diskriminierung des einen oder Bevorzugung des anderen Geschlechts zu tun, sondern spiegelt den geschichtlichen Präzedenzfall: Die ersten Mönche wurden von einem Mann, dem historischen Buddha, ordiniert, später vollzog eine Gruppe von mehreren langjährigen Mönchen die Aufnahme neuer Kollegen. Die ersten Frauen wurden ebenfalls von einer Gruppe von Männern ordiniert, zu denen sich später erfahrene Nonnen gesellten. Nur in den Ländern, in denen es heute noch vollordinierte Nonnen gibt, können diese gemeinsam mit ihren geistigen Brüdern Nonnen ordinieren. Seit Ende der achtziger Jahre wenden sich westliche und asiatische Novizinnen und De-facto-Nonnen aus unterschiedlichen Traditionen an große Nonnenklöster in Taiwan und Korea und erhalten dort mit Unterstützung ihrer Traditionen die volle Ordination. Nach zehn Jahren können sie dann bei der Ordination ihrer Schwestern aus der eigenen Tradition mitwirken.[16]

Manchmal rechtfertigen Lamas der tibetischen Tradition die Bevorzugung der Mönche mit dem Argument, wer mehr Regeln zu beachten habe, führe ein wertvolleres Leben. Sie beziehen sich damit auf die Tatsache, daß es in Tibet zwar vollordinierte Mönche gab, aber aus verschiedenen Gründen keine vollordinierten Nonnen, sondern nur Novizinnen.

Novizinnen beachten wie ihre männlichen Kollegen 36 Regeln. Man könnte aus dem Argument auch schließen, daß vollordinierte Nonnen wertvoller seien als Mönche, da sie mehr Gelübde beachten. Aber hier gilt das Argument nicht. Es wird offensichtlich nur da verwendet, wo es die bestehenden Strukturen stärkt.

Die Aussage, ein Leben als Frau habe weniger Wert als eines als Mann, hat viele Folgen. So lagen und liegen in allen buddhistischen Ländern Studium, Bewahrung und Weitergabe der Lehren überwiegend in den Händen von Männern. Und dies, obwohl es bekannte übende und lehrende Frauen gab und gibt. Frauen spielen nur in den Ländern eine Rolle, in denen es starke Nonnenorden gibt, wie in Taiwan und Korea. Nicht zufällig sind das auch die Länder, in denen über die wirtschaftliche Entwicklung Einflüsse westlicher Gleichberechtigungsvorstellungen besonders spürbar sind.

Die Dominanz von Männern in der Lehre hat, vor allem in Verbindung mit einer von der Tradition abgesegneten Gleichgültigkeit gegenüber Geschlechterrollen oder gar einer blanken Frauenverachtung, auf vielen Ebenen spürbare Folgen. Eine Folge ist zum Beispiel die offene oder subtile, bewußte oder unbewußte Verachtung von Mönchen und männlichen Laien gegenüber Frauen, seien sie Nonnen oder Laien. Es gibt immer noch zu viele, die mehr oder weniger auf Frauen herabschauen und gleichzeitig meinen, die Frage des Geschlechts sei unwichtig.

Eine weitere Folge ist der Mangel an weiblichen Vorbildern. Es gibt kaum Abbildungen weiblicher Buddhas und Bodhisattvas, von Arhantis und Meisterinnen in buddhistischen Tempeln und Zentren und kaum Geschichten berühmter Frauen der Vergangenheit. Auf Nachfragen betonen manche Lehrer, daß es immer und überall berühmte weibliche Übende und Lehrende gab, doch hatten die männlichen Mitglieder der Überlieferungslinie wohl wenig Interesse, diese Geschichten aufzuschreiben und weiterzugeben.[17]

Besonders gravierend ist die Ausrichtung der Lehren und Übungen auf männliche Übende. Wenn Frauen in einer Institution eine geringe oder gar keine Rolle spielen, wird auch die Lebenssituation von Frauen und ihre möglicherweise andere Herangehensweise an das Leben kaum oder gar nicht berücksichtigt oder thematisiert. Theorie und Praxis des Buddhismus orientieren sich daher auch heute noch in allen Schulrichtungen am Modell Mann, das heißt, sie orientieren sich an der traditionellen männlichen Rollenkonditionierung.

Etwas überspitzt und plakativ formuliert geht es um folgende Werte: Askese und Zölibat, Mönchstum und methodische Übungen, schriftliche Überlieferungen und Studium, Hierarchien und Schulrichtungen, Klöster und Traditionslinien. Der Weg führt aus dem alltäglichen Leben heraus und in eine Welt des Geistes. Es geht um *abstrakte Ideen*, um die absolute Ebene der Wirklichkeit, um ein Ideal der Vollkommenheit, die der (männliche) Übermensch später irgendwann einmal erreichen soll.

Die Werte von Frauen sind oft genau entgegengesetzt: Im Vordergrund stehen Beziehungen und das Leben in dieser Welt, kleine alltägliche Dinge und Tätigkeiten, eigene Erfahrungen, eigene Wege und das Miteinander in Gruppen. Der Weg führt ins Leben hinein, und es geht um den Körper und die Erde und eine Vollständigkeit im Hier und Heute. Übende sind Menschen mit Fehlern, Schwächen und Brüchen, die sich um die relative Ebene des *konkreten* Lebens sorgen.

Religiöse Bewegungen und Gesellschaften generell sind dann lebendig, wenn sogenannte »weibliche Werte« eine Rolle spielen. Es gibt sie in allen Religionen, in manchen mehr, in anderen weniger, und sie inspirieren viele Frauen und Männer. Sie haben aber erst dann die Kraft, aus ihrem Schattendasein herauszutreten und patriarchale Muster aufzubrechen, wenn Frauen in Institutionen eine Rolle spielen.

Es tut sich aber einiges: Buddhistische Einrichtungen im Westen sind zwar bislang stark von den kulturellen und sozialen Werten der jeweiligen asiatischen Traditionen geprägt, spiegeln aber zunehmend auch unsere Vorstellungen und Werte wider. Einige Frauen und Männer im Westen nehmen ihren abendländischen Hintergrund ernst, experimentieren mit demokratischen Spielregeln und bemühen sich, die unterschiedlichen Werte der beiden Geschlechter wahrzunehmen und damit umzugehen. Wir machen es uns allerdings zu einfach, wenn wir Demokratie und Gleichberechtigung im Westen plakativ gegen die feudalen und patriarchalen Strukturen des Buddhismus ausspielen. Religiöse Institutionen enthalten per se hierarchische Elemente, und auch in demokratischen Strukturen setzen sich Machthierarchien durch. Der Buddhismus im Abendland wird allerdings in der exotischen Ecke bleiben, solange mittelalterliches Zeremoniell und feudale Hierarchien im Vordergrund stehen.

Was ist eine Frau?

Was ist das Wesen der Frau? Was ist eine »richtige« Frau? Die Mahayana-Tradition argumentiert in den Lehren vom bedingten Entstehen folgendermaßen: Alle bedingten Phänomene entstehen auf der Grundlage von vier Faktoren: von *Ursachen*, *Bestandteilen*, *Bedingungen* und der *Benennung*, dem Konzept, das man ihnen beilegt.[18] Sie bestehen eine Weile und lösen sich wieder auf, wenn die Bedingungen nicht mehr gegeben sind. Genauso verhält es sich mit dem Phänomen Frau oder Mann. In Abhängigkeit von diesen vier Faktoren »entstehen« Frauen und Männer, und sie verändern sich mit den entsprechenden Bedingungen auch wieder.

Bedingtes Entstehen

Was sind die *Ursachen* für Frausein? Argumentiert man auf der Grundlage der Biologie, ist die Ursache für einen weiblichen Körper das XX-Chromosomenpaar. Besteht das Chromosomenpaar aus XY, entsteht ein männlicher Körper.

Was sind die *Bestandteile* einer Frau? Biologisch gehören zu einem weiblichen Körper bestimmte primäre und sekundäre Geschlechtsmerkmale. Frauen mit Bartwuchs und Männer mit Brüsten stellen Abweichungen von der Norm dar und bieten Anlaß für Witze, Spott oder Ablehnung. Es ist nicht so schwierig, sich über die biologischen Unterschiede zu verständigen. Viel schwerer ist es, sich über die sozialen Folgen zu verständigen.

Was sind die *Bedingungen* für Frausein? Jede uns bekannte Gesellschaft formuliert Rollenerwartungen an ihre weiblichen und männlichen Mitglieder, die mit bestimmten sozialen Strukturen und kulturellen Werten einhergehen. Man unterscheidet zwischen allgemeinen Bedingungen – Sozialstruktur, religöse Werte, psychische Mechanismen – und dem *Konzept* Frau, weil es auch unter gleichen sozialen oder kulturellen Bedingungen unterschiedliche Vorstellungen über Frausein gab und geben kann.

Für heutige Frauen (und Männer) hat sich die Bandbreite des möglichen Verhaltens vergrößert, denn die Rollenmodelle sind nicht mehr ganz so starr. Frauen haben dabei etwas mehr Spielraum gewonnen. Nimmt man die Mode als Ausdruck sich verändernder Geschlechterrollen, ist die Angleichung von Frauen an das Modell Mann erlaubt, denn Frauen dürfen Hosen und Anzüge, Jacketts und Krawatten tragen und sich die Haare kurz schneiden. Die Angleichung von Männern an das Modell Frau ist immer noch tabuisiert. Männer in bunten Kleidern oder Kostümen, in hochhackigen Schuhen und mit frischer Dauerwelle, mit roten Lipppen und Lidschatten erhalten nur in Transvestiten-Shows und im Karneval Beifall.

Die Auflösung bestehender Geschlechterrollen macht uns aber nicht automatisch freier. Frauen und Männer sind verunsichert, ziehen sich auf ihr Privatleben zurück und sprechen nur noch von ihrer individuellen Entwicklung. Letztlich muß jede Frau selbst herausfinden, an welchen Rollenerwartungen, an welchen *Vorstellungen von Frausein* sie sich tatsächlich orientiert: was sie darüber denkt und wie sie tatsächlich lebt.

Die frohe Botschaft der Lehren vom bedingten Entstehen für Frauen lautet: Eine Frau ist das, was sie zu einer bestimmten Zeit tut, sagt und denkt. Die Frage ist, woran sie sich dabei orientiert.

Solange wir glauben, es gäbe da irgendwo »das wahre Wesen« der »richtigen« Frau (bzw. des »richtigen« Mannes), sind wir geneigt, (meist männlichen) Autoritäten zu folgen und dem zu glauben, was patriarchale Geschichtsschreibung, Religion oder Psychotherapie lehren: Männer sind das Subjekt der Geschichte, und »richtige« Frauen stehen ihnen bei – klug und charmant und möglichst im Hintergrund. Eva wurde aus der Rippe des Adam geschaffen, die Frauen sind der dunkle Kontinent (Freud) und sie wissen nicht, was sie wollen (Lacan).

Wendet frau (und man) die Lehren vom bedingten Entstehen auf Kategorien wie Frau, Mann, Familie, Beziehung, Arbeit, Gesellschaft usw. an, findet sie zu ihrer großen Erleichterung heraus, daß es gar keine »richtigen« Frauen und Männer geben kann, da Frauen- und Männerrollen in Abhängigkeit von bestimmten sozialen und kulturellen Bedingungen und Werten entstehen, eine Weile bestehen und sich schnell wieder verändern. Ein Großteil des heutigen Leidens an Beziehungen hat wohl damit zu tun, daß sich Frauen wie Männer an alte Rollen klammern, weil sie glauben, es gäbe so etwas wie »richtige« Frauen und Männer. Oder sie denken sich am grünen Tisch neue Modelle aus, mit denen sie sich und andere unter Druck setzen.

Die »Leerheits«-Falle

Manche schlauen Frauen und Männer wischen jede Frage nach den Geschlechterrollen mit einer Behauptung vom Tisch: »Da ein wahres Wesen von Frauen und Männern nirgendwo zu finden ist, sind Geschlechterrollen unwichtig.« Selbst der Dalai Lama warf in einem Gespräch über diese Fragen mit westlichen Lehrenden bei diesem Argument ein, es sei nicht statthaft, über Diskriminierung mit dem Hinweis auf Leerheit hinwegzugehen.[19] Wir leben in Zeit und Raum und müssen uns mit unseren sozialen und kulturellen Gegebenheiten befassen. Ein buddhistischer Kollege aus Vietnam stellte auf einer Podiumsdiskussion über Buddhismus und Demokratie in Berlin klar: »Wir können über Leerheit meditieren und sie erleben. Das ist die absolute Ebene der Wirklichkeit. Auf der relativen Ebene leben wir aber immer in Zeit und Raum und haben einen bestimmten Standpunkt und müssen auch dazu stehen, im Wissen, daß sich alles wieder ändern kann.«[20] Wenn wir die relativen Bedingungen, die unser Denken, Reden und Verhalten beeinflussen, besser verstehen, kennen wir auch die Bereiche, mit denen wir umgehen müssen.

Frauen und Männer

Heute versuchen viele Frauen und Männer, ihre Beziehungen neu zu gestalten. Sie bemühen sich um ein Verhältnis, das weder auf Unterordnung noch auf Angleichung beruht. Das Modell der Geschlechterdifferenz schafft Raum für ein möglicherweise unterschiedliches Verhalten beider Geschlechter, das aber als grundsätzlich gleichwertig betrachtet wird. Diese offene Haltung läßt sich gut vereinbaren mit der buddhistischen Auffassung vom bedingten Entstehen: Alles verändert sich, auch die Geschlechterrollen. Die große Aufgabe der heutigen Zeit ist, die Unterschiede zwischen den Geschlechtern zu erkennen und zu akzeptieren und ihre Gleichwertigkeit zu leben. Sie ist nicht einfach und teilweise sehr schmerzhaft, da sich alte Sicherheiten auflösen.

Die französische Philosophin Luce Irigaray meint sogar, daß wir erst dann mit allen Arten von Verschiedenheit produktiv umgehen können – beispielsweise mit Menschen anderer Kulturen –, wenn Frau und Mann sich als verschieden, aber doch gleichwertig wahr- und annehmen können.[21]

Solange wir in den Kategorien des Geschlechts denken, solange unser Selbstbild, emotionale Muster und Verhaltensstrategien von unserem Geschlecht geprägt werden, ist es notwendig, sich dieser Prägungen bewußt zu werden. Bewußt werden wir uns ihrer nur, wenn wir sie sorgfältig beobachten, genau wahr- und sehr ernst nehmen. Nur dann können wir auflösen, was Leiden schafft, und beibehalten oder neu einüben, was zum Glück für alle Beteiligten führt. Wir werden unsere sozialen Konditionierungen als Frauen und Männer also nicht überwinden, wenn wir sie ignorieren. Manche glauben das und sagen: Wir sind doch alle androgyn, wir haben doch alle weibliche und männliche Qualitäten in uns. Laßt uns doch einfach Menschen sein.

Jedes Herangehen, das die »real existierenden« geschlechtlichen Konditionierungen außer acht läßt, läuft Gefahr, entweder die alte hierarchische Differenz aufrechtzuerhalten oder die Angleichung der Frauen an das männliche Modell zu fördern. Es wird viel Arbeit machen, die »allgemein menschlichen« Aussagen auf ihr Modell zu untersuchen. Viele »Diagnosen und Therapien« des Buddhismus sind am Modell des männlichen Praktizierenden entwickelt worden, und sie werden unreflektiert und unkommentiert den »allgemeinen« Menschen an die Hand gegeben. Viele Frauen wundern sich, warum sie sich mit ihren Depressionen, ihrem Helfersyndrom und ihren Gefühlen des Überfordertseins in den Schriften nicht wiederfinden. Dort ist immer wieder die Rede von wütenden, extrovertierten Menschen, denen Geduld, Innenschau und Nächstenliebe angeraten werden.

Es wird einer der Beiträge des modernen Buddhismus im Westen sein, die Unterschiede zwischen Frauen und Männern, auf der Ebene der Selbstbilder, emotionaler Strategien und Verhaltensweisen, wahrzunehmen, zu reflektieren und anzusprechen.

Teil Vier: Frauen und Freiheit

1 Wie weibliche Freiheit entsteht

Im Buddhismus ist viel von Befreiung die Rede. »Eines, nur eines lehre ich, Leiden und die Freiheit vom Leiden«, sagt der Buddha. Worin besteht diese Befreiung vom Leiden? »Versiegung der Gier, Versiegung des Hasses, Versiegung der Verblendung; das nennt man Nirwahn«, so formulierte es der deutsche Mönch Nynanatiloka 1952.[1] Im frühen Buddhismus liegt der Schwerpunkt auf der Überwindung des Leidens, und folgerichtig bedeutet hier Befreiung Freiheit von Leiden. Das Mahayana definiert Erwachen als Freiheit von Leiden *und* Entfaltung aller Fähigkeiten, die wir brauchen, um damit auch anderen den Weg zur großen Befreiung weisen zu können.

Der Begriff Befreiung ist für die Freiheit, die der Buddhismus lehrt, eigentlich unpassend, da er nahelegt, daß uns jemand anderes die Freiheit schenkt. Vermutlich hat das mit der christlichen Prägung der ersten Übersetzer buddhistischer Schriften zu tun, die sich Nirvana nur in den Kategorien von Erlösung, Befreiung und Erleuchtung durch ein höheres Wesen vorstellen konnten. Alle drei Begriffe verweisen indirekt auf eine äußere Macht, die uns die Freiheit gibt oder das Licht der Erkenntnis schenkt.

Der Buddhismus lehrt in erster Linie Wege zur inneren Freiheit von emotionalen und geistigen Zwängen, die allen Beteiligten Leid bringen. Buddha sprach sich zwar vor zweieinhalbtausend Jahren direkt und indirekt gegen das indische Kastensystem aus. Er kannte nur »Brahmanen des Geistes« und nicht der Geburt. Er nahm Männer und später auch Frauen aller Stände in seinen Orden auf, doch betonte er vor allem die Arbeit am eigenen Herzen und Geist. Das heißt aber nicht, daß es ausschließlich um innere

Prozesse geht und wir uns nicht (mehr) um die politische und soziale Struktur der Gesellschaft zu kümmern brauchen.

Frauen und Freiheit

Die Begegnung mit westlichen Frauen inspiriert buddhistische Frauen in Asien, patriarchale Strukturen zu hinterfragen.[2] Buddhistische Lehrerinnen im Westen experimentieren mit traditionellen Lehrmethoden und interpretieren alte Lehren für unsere Zeit. Ihr Pioniergeist trägt viel zur Integration der buddhistischen Lehren im Westen bei.[3] Das sind die Einflüsse westlicher Frauen auf den Buddhismus.

Welche Impulse kann der Buddhismus umgekehrt westlichen Frauen geben? Wie kann er sie bei ihrer Suche nach innerer und äußerer Freiheit unterstützen? Die folgenden Kapitel entstanden aus Arbeitsmaterialien für Meditationsseminare mit Frauen. In diesen Seminaren haben wir buddhistische Inhalte und Methoden auf ihre Tauglichkeit für die innere und äußere Frauenbefreiung getestet – und für gut befunden.[4]

Die Identität heutiger Frauen ist durch sehr widersprüchliche Einflüsse geprägt. Die Frauen unserer Familie und unseres sozialen Umfeldes – Mütter, Großmütter, Tanten und sonstige weibliche Verwandte, Nachbarinnen, Kindergärtnerinnen, Lehrerinnen und Frauen aus dem Heimatort – und die dazugehörigen Männer haben uns direkt oder indirekt bestimmte Frauenbilder vermittelt. Märchen und Mythen, Literatur und Kunst, Kultur und Religion, Medien und Werbung haben uns ganz unterschiedliche und widersprüchliche Frauenrollen gelehrt. Heutige Frauen identifizieren sich mit bestimmten traditionell weiblichen Eigenschaften oder grenzen sich dagegen ab. Sie suchen ihren Platz in einer Welt, in der sich überlieferte Frauen- und Männerrollen auflösen und neue Rollen nicht klar definiert sind.

Seit über hundert Jahren lehnen viele Frauen (und einige Männer) das alte Modell einer hierarchischen Differenz zwischen Männern und Frauen ab und setzen sich für die Gleichberechtigung der Geschlechter ein. Frauenemanzipation als Angleichung an das Freiheitsmodell des Mannes schien lange Zeit und scheint auch heute noch für viele Frauen der einzig gangbare Ausweg aus Diskriminierung und Unterordnung zu sein. Das ist und bleibt wohl auch so, solange das von Männern entwickelte und definierte Modell des autonomen Individuums das einzige Freiheitsmodell ist.

Viele Frauen fühlen sich mit dem widersprüchlichen Leben, das sie führen, unwohl. Sie sehen sich mindestens vier Ansprüchen ausgesetzt, die sie meist fraglos übernehmen: in der »Liebes«beziehung die perfekte Geliebte und Liebende; in der Familie ideale Ehefrau und Mutter; in Arbeit und Politik ihren »Mann« stehen; und bei alldem niemandem angst machen oder gar dominieren; dabei immer schön und gepflegt, intelligent und kreativ, aber von allem nicht zu sehr. Diesen Forderungen zu entsprechen, gleicht der Quadratur des Kreises.

Wollen Frauen weder zum Modell der hierarchischen Differenz und zu den drei K's zurückkehren – Kinder, Küche und Kirche –, noch Überforderung zu ihrer ständigen Begleitung machen, müssen sie eigene Vorstellungen von »weiblicher« Freiheit entwickeln und nach Wegen suchen, diesen individuell, sozial und kulturell Ausdruck zu geben.

Ich bin ein Individuum

Viele Frauen meinen, dem Dilemma zwischen hierarchischer Differenz und der damit einhergehenden Diskriminierung als Frau oder dem Zwang zur Angleichung an Männerrollen dadurch entkommen zu können, daß sie sich einfach als Individuum begrei-

fen. Sie wollen sich nicht mehr mit ihrem Frausein identifizieren
– denn da schwingt immer noch Diskriminierung, das jahrhun-
dertealte Stigma der Minderwertigkeit mit. Sie wollen ganz sach-
lich wegen ihrer Qualitäten und ganz persönlich als Individuen
geschätzt werden. Diesem Ansatz folgt auch der Buddhismus – in
Gemeinschaft mit fast allen anerkannten Religionen, Philoso-
phien und Psychologien – und lehrt einen Weg zur individuellen
Befreiung ohne sonderliche Reflexion der sozialen Lage. Wie wenig tragfähig diese Argumentation ist, merken Frauen wie Männer sehr schnell, wenn man sie nicht bloß auf Frauen, sondern
auch auf Männer anwendet. Wie reagiert ein normaler Mann,
wenn man ihm sagt: »Weißt du, für mich bist du kein Mann. Ich
sehe keinen Mann in dir. Für mich bist du einfach ein Mensch.«
Ich habe das in einigen Gesprächen ausprobiert. Auch sehr offene
und nachdenkliche Männer fühlten sich persönlich angegriffen,
wenn man ihr »Mannsein« für irrelevant hielt. Wenn eine Frau
diese Argumentation als Entlastung empfindet, zeigt das im allgemeinen, daß sie »Frausein« mit Diskriminierung gleichsetzt.

Natürlich sind wir alle *auch* Individuen, unverwechselbare Einzelwesen, die niemand zweitem auf dieser Welt gleichen. Aber
nicht nur. Wir leben alle in einer konkreten sozialen Struktur, in
einer Gesellschaft mit bestimmten Werten und Rollen. Das hat
uns als Kinder geprägt und prägt uns noch heute, manche mehr
und manche weniger. Aber auch unbewußt sind wir mit den anderen verbunden. Nur ein Bruchteil unserer Strukturen, Werte,
Ansichten, Meinungen, Muster und Verhaltensweisen ist uns
bewußt. In tiefen Schichten sind wir mit unserer Gesellschaft und
der ganzen Menschheit, sogar mit den Tieren, verbunden. Wir
möchten zwar gern ein Einzelwesen sein, sind aber in weiten
Bereichen völlig kollektiv strukturiert.

Das Denken der Geschlechterdifferenz[5] setzt an dem offensichtlichen Unterschied zwischen den beiden Geschlechtern an. Es gibt Frauen und Männer. Auch die Bibel weiß davon. Sie kennt zwei Berichte über die Schaffung der Menschen: Der klassisch patriarchale Mythos von Eva, die aus der Rippe des Adam entstand, erzählt die »Männerphantasie« von der Geburt des Weibes aus dem Mann. Er symbolisiert die Schaffung des Frauenbildes nach den Bedürfnissen der Männer. Die zweite Bibelstelle lautet knapp: »Gott schuf also den Menschen als sein Abbild; als Abbild Gottes schuf er ihn. Als Mann und Frau schuf er sie.«[6] Diese Aussage spiegelt ein Bewußtsein, das zwischen Mann und Frau unterscheidet und sie zugleich als gleichwertig sieht. Der noch ältere Mythos muß dann wohl sinngemäß so gelautet haben: Und die Göttin schuf die Menschen, und sie schuf sie als Frau und als Mann.

Es gibt eindeutige biologische Unterschiede zwischen den beiden Geschlechtern und weniger eindeutige Unterschiede in den sozialen Rollen. Witze über Frauen und Männer sagen viel über das, was wir für »normal« oder »komisch« halten. Die Frage nach der Beziehung zwischen biologischem und sozialem Geschlecht ist eine der großen Fragen unserer Zeit. Eine Frage, zu der niemand, keine Frau und kein Mann, die Antwort bereits weiß, weil es darum geht, »die Fragen selbst liebzuhaben« und darum, »alles zu leben«, wie einst Rainer Maria Rilke einem jungen Dichter riet. »Leben Sie jetzt die Fragen. Vielleicht leben Sie dann allmählich, ohne es zu merken, eines fernen Tages in die Antwort hinein.«[7] Die Buddha-Lehre bietet wunderbare Methoden, zentrale Lebensfragen im Herzen zu bewegen und tagtäglich in die Antwort »hineinzuleben«.

Solange Frauen und Männer durch ihre Zugehörigkeit zu ihrem biologischen und sozialen Geschlecht geprägt werden – durch biologische Vorgänge und Verhaltensweisen, Fähigkeiten, Neigungen, durch Status, Selbstbilder und Selbstwertgefühle –, tun sie gut daran, diese Aspekte ihres Geschlechts zu reflektieren. Probleme, die sich auf der kulturellen Ebene zeigen, sind nicht allein auf der individual-psychologischen Ebene zu lösen.

Frauen und Freiheit

Die italienische Philosophin und Hegelspezialistin Luisa Muraro beschreibt das Dilemma der modernen Frauen als Gratwanderung zwischen Frausein und Freiheit. Da es bislang kein Freiheitsmodell Frau gibt, fallen Muraro zufolge für die Frauen private Identität als Frau und die soziale Identität als allgemeiner Mensch immer auseinander. Frauen pendeln zwischen zwei widersprüchlichen Identitäten, und diese tagtägliche Zerreißprobe trägt in hohem Maß zur mangelnden Selbstsicherheit moderner Frauen bei.

> »Ihrer Unabhängigkeit zuliebe begibt sich eine Frau auf den Arbeitsmarkt wie die Männer. Wegen ihrer Selbstverwirklichung als Frau heiratet sie und gebärt Kinder. Also ist eine Frau frei, unabhängig von ihrem Frausein, und als Frau ist sie ohne Freiheit ...«[8]

Was ist nötig, damit Frausein und Freiheit nicht mehr im Widerspruch zueinander stehen? Was sind Bedingungen für »Freie Frauen«? Wie können Frauen eine stabile und doch flexible Identität entwickeln? Setzen wir die Erfahrungen der Frauenbewegung und die Einsichten des Buddhismus über bedingtes Entstehen zueinander in Beziehung! Dann könnte das folgendermaßen lauten: Damit Frauen frei werden können, brauchen sie unterschiedliche Arten von Beziehungen zu Frauen und Männern. Sie brauchen die Einsicht, daß alle Aussagen über »richtige« Frauen und Männer bedingt entstanden sind und lediglich einen bestimmten Standpunkt reflektieren. Diese Aussagen lassen sich sinngemäß auch auf Männer übertragen.

Die Erfahrung der Frauenbewegung lehrt, daß Frauen kontinuierliche, inhaltlich bestimmte Beziehungen zu anderen Frauen auf mehreren Ebenen brauchen. Zum einen brauchen sie *horizontale* Beziehungen zu Frauen, eine »gemeinsame Welt der Frauen«[9], in der sie sich als Frauen unter Frauen erleben. Fühlt sich eine Frau nur einem Mann gegenüber ganz als Frau, läuft sie Gefahr, sich als seine Ergänzung zu definieren und sich »nach seinem Bild« zu formen. Damit folgt sie dem klassischen Modell der hierarchischen Differenz, in dem der Mann – und »das Volk der Männer« in Gestalt von Philosophie, Theologie und Psychologie – definiert, was eine »richtige« Frau ist: Das Andere Geschlecht, oder in den Worten von Luce Irigaray: Das Andere des Gleichen.[10]

Wendet man diese These auf gemeinsame buddhistische Übungen an, so ziehen Frauen großen Nutzen aus Meditationsgruppen mit anderen Frauen, sei es in einer regelmäßigen Gruppe oder in Seminaren mit Frauen. Selbst Frauen, die ihren Alltag überwiegend mit Männern – mit Ehemann, Söhnen, Kollegen – verbringen, betonen immer wieder, wie erholsam und gleichzeitig stärkend Meditationskurse mit Frauen sind: Ein gezieltes, inhaltlich bestimmtes Beisammensein mit Frauen.

Weibliche Genealogie

Neben den horizontalen Beziehungen zu Frauen sind *vertikale* Beziehungen ein wesentliches Element für die Herausbildung eines gesunden Selbstwertgefühls, von Selbstvertrauen und einem Gefühl von Würde. Das sahen Frauen nicht immer so. Bei der Analyse der italienischen Frauenbewegung stellten die Mitarbeiterinnen des Mailänder Frauenbuchladens fest, daß vor allem schwesterliche Beziehungen unter Frauen gutgeheißen und gefördert wurden. Die Frauen fühlten sich über gemeinsame Aktionen und das gemeinsame Leid an ihrer Unterdrückung miteinander verbunden. Sobald aber eine Frau Führungsqualitäten zeigte oder sich durch besondere Fähigkeiten hervortat, waren wenige bereit und in der Lage, sie darin zu unterstützen. Und dies nicht etwa, weil Frauen »von Natur aus« intrigant und neidisch wären, sondern weil sie nie gelernt haben, eine andere *Frau* als Autorität anzuerkennen. Sie haben das in ihrer Beziehung zur Mutter nicht gelernt, weil auch diese nicht in einer weiblichen Genealogie stand, nicht in einer weiblichen Traditionsgeschichte eingebettet war. Ohne Zugehörigkeit zu einer weiblichen Genealogie haben Frauen keinen kulturellen und geistigen Ort, von dem aus sie in die Beziehung zu einem Mann treten können. Dadurch laufen sie Gefahr, sich selbst aufzugeben und an die Bedürfnisse und Erwartungen des Mannes anzupassen.[11]

Die Philosophinnen der Geschlechterdifferenz gehen also davon aus, daß Frauen nur deshalb bereit sind, »ihre Freiheit im Tausch mit anderen Gütern, wie Zuneigung, Sicherheit und Zusammensein, aufzugeben«, weil sie zu keiner Genealogie gehören. Daher leben sie

> »ohne die Kraft, das Wissen, die innere Distanz und den Raum für Rückzug, die uns helfen, eine Beziehung mit ›dem anderen‹ bis in die Tiefe zu leben, ohne jedoch den Kopf zu verlieren ... Der Verlust an Freiheit und manchmal auch von körperlicher und geistiger Gesundheit, den die Frauen im Familienleben riskieren, ist ... keine direkte Folge der Familie als solcher, sondern Folge der Tatsache, daß die Frauen dort hineingehen, ohne zu irgendeiner Genealogie zu gehören.«[12]

Im Klima der antiautoritären Bewegung Ende der sechziger und Anfang der siebziger Jahre galt Hierarchie generell als anrüchig. Die Kritik an unproduktiven und ungerechtfertigten Hierarchien war ein notwendiger Schritt für autoritätsfixierte Männer und Frauen. So sahen das auch die Frauengruppen, in denen man Hierarchie als unmittelbaren Ausdruck des Patriarchats interpretierte.

Es gibt aber auch produktive Hierarchien – des Wissens, der

Komplexität – und »echte« Autoritäten, von denen und mit denen man viel lernen kann. Fragt man nun Frauen (und Männer), von wem sie wesentliche Dinge im Leben gelernt haben, nennen sie meist eine lange Reihe von Männernamen. Erst auf geduldiges Nachfragen erwähnen sie dann die eine oder andere Frau. Eine nordamerikanische Meditationslehrerin antwortete mir auf diese Frage nach einigen Momenten des Schweigens: »Äh, Florence Nightingale.«

Luisa Muraro führt die Schwierigkeiten vieler heutiger Frauen mit ihren Müttern vor allem darauf zurück, daß in unserer Kultur Frauen nicht gelernt haben, Frauen als Autoritäten zu akzeptieren. Frauen wissen nicht, wie man von Frauen lernt. Anfang der achtziger Jahre begannen italienische Frauen, die vertikalen Beziehungen unter Frauen zu betonen. Sie entwickelten die Denkfigur des »Affidamento«: Eine Frau vertraut sich einer anderen Frau an.[13] Sie lernt von ihr. Das ist leichter gesagt als getan. Dafür müssen Frauen lernen, das »Mehr« in einer anderen Frau zu erkennen und anzuerkennen. Das braucht Übung in der Begegnung mit Frauen und viel Zeit.

Die Wurzel des Weges – ist die Lehrerin

Frauen können über symbolische Mütter – in der Gestalt von Lehrerinnen und weiblichen Vorbildern aus Mythos und Geschichte – lernen, weibliche Autorität zu erkennen und anzuerkennen. Mit dem bewußten Lernen von einer Frau entwickeln Frauen Vertrauen in die eigenen Fähigkeiten. Als ich diese Thesen zum ersten Mal hörte, kamen mir die Unterweisungen zum geistigen Lehrer, zum Guru, aus den tibetischen Traditionen in den Sinn. Diese betonen immer wieder, wie wichtig eine Begleitung auf dem geistigen Weg ist, ja sogar, daß volles Erwachen ohne die Begleitung durch einen Lehrer nicht möglich ist.

Traditionelle Unterweisungen legen schon mit der Formulierung nahe, daß »der geistige Lehrer« ein Mann ist. Die Überlieferungslinien der tibetischen Traditionen zählen im allgemeinen nur Männer auf. Es gibt aber auch Geschichten von Lehrerinnen im tantrischen Buddhismus. Tsultrim Allione war die erste, die diese Geschichten Anfang der achtziger Jahre in ihrem Klassiker »Tibets weise Frauen« erzählte. Miranda Shaw stellt in ihrem Buch »Erleuchtung durch Ekstase« tantrische Meisterinnen bis zum zwöften Jahrhundert vor.[14]

Bezieht man bei den Unterweisungen über die Bedeutung der Lehrenden das Geschlecht mit ein, werden sie revolutionär. »Die Wurzel des Weges ist der gütige Guru«, rezitieren die Mönche der Gelug-Tradition tagtäglich. »Die Wurzel des Weges ist für Frauen die gütige und weise Lehrerin«, können wir daraus schließen. Ohne Lehrerin kann keine Frau wirklich etwas lernen. Ohne Guru des gleichen Geschlechts gibt es keine Fortschritte auf dem geistigen Weg. Sicherlich können Männer auch von Frauen lernen, und Frauen können sich mit Gewinn von Männern inspirieren lassen. Doch fördert die Beziehung zu einer Person des eigenen Geschlechts das Vertrauen in die eigenen Fähigkeiten in einem Ausmaß, wie das Beziehungen zu Personen des anderen Geschlechts selten können. Lehrerinnen sind der unwiderlegbare Beweis für Frauen, daß geistige Entwicklung für sie möglich ist.

»Göttliche Frauen«

Frauen brauchen also horizontale und vertikale Beziehungen zu anderen Frauen. Luce Irigaray gesellt in ihrem Essay »Göttliche Frauen« noch eine dritte Forderung dazu: die Beziehung zu einem *weiblichen Göttlichen*. Als Europäerin verwendet sie den christlichen Begriff »Gott«, interpretiert ihn aber sehr frei, »als Horizont, der uns hilft zu werden«.[15] Sie nimmt einen Satz von Anselm Feuerbach auf: »Gott ist der Spiegel des Menschen.« Daraus schließt sie, daß die Göttin der Spiegel der Frau ist, daß Frauen *ein weibliches Symbol der Transzendenz* brauchen, um ganz Frau – ganz sie selbst – zu werden. Wie ein weibliches Göttliches aussehen und wie Frauen damit arbeiten könnten, ist Thema der beiden nächsten Kapitel.

Beziehungen zu Frauen

Jede Art Freiheit – soziale, kulturelle oder spirituelle – setzt voraus, daß ein Mensch, Frau wie Mann, mit-sich sein kann und mit-anderen. Um mit-sich sein zu können, braucht eine Frau der buddhistischen Tradition zufolge Kontakt mit ihrer Buddha-Natur, dem Denken der Geschlechterdifferenz zufolge eine soziale Identität als Frau. Ohne ihre Zugehörigkeit zum weiblichen Geschlecht kulturell auszudrücken, bleiben Frauen diesem Ansatz zufolge auf zwei oder drei Alternativen beschränkt, die die Verbindung von Frausein und Freiheit nicht erlauben: Im Modell der hierarchischen Differenz bleiben Frauen Objekt des Mannes, sie sind Frauen, aber ohne Freiheit. Im Gleichberechtigungsmodell können sie sich dem Modell Mann angleichen und frei werden, müssen aber ihr Frausein ignorieren. Im Modell Individuum müssen sie ebenfalls ihr Frausein ignorieren.

Freie Frauen brauchen dem Modell der Geschlechterdifferenz folgend horizontale und vertikale Beziehungen zu Frauen und die Orientierung an einem weiblichen Symbol der Transzendenz, in der Kurzformel ein »weibliches Göttliches« oder eine Göttin. In der Sprache des Buddhismus brauchen sie eine Frauen-Sangha, Lehrerinnen und weibliche Buddha-Gestalten. Diese drei Arten von Beziehungen können dann eine stabile und gleichzeitig flexible Identität als Frau fördern, wenn dazu die Einsicht tritt, daß alle Rollenmodelle (von Frauen und Männern) bedingt entstehen, bestehen und wieder vergehen. Alle Bilder über Frauen (und Männer) sind also nicht mehr und nicht weniger als Bilder, die in einem bestimmten Kontext eine relative Gültigkeit besitzen können. Dann nämlich, wenn das, was sie beschreiben, in unserer Alltagswelt auch zu finden ist.

Manchmal hört man in buddhistischen Kreisen das Argument, solange man an seinem Geschlecht hänge, bleibe man unfrei. Nur wer sein Geschlecht transzendiere, könne Freiheit erlangen. Sicherlich gibt es keine Freiheit, solange man an etwas hängt. Interessanterweise hört man dieses Argument immer nur dann, wenn Frauen nach weiblichen Buddhas oder nach der Bedeutung des Geschlechts fragen. Es ist nicht üblich, die Dominanz der Männer im Buddhismus als Anhaften an das männliche Geschlecht zu problematisieren. Zumindest tut das kein Autor und kein Lehrer freiwillig, ohne von seinen Schülerinnen mit der Nase darauf gestoßen zu werden. Das bestätigt die alte Erfahrung, daß sich die Verhältnisse nur ändern, wenn diejenigen, die sie verändern wollen, es selbst in die Hand nehmen. Wenn Frauen das Verhältnis zwischen Frauen und Männern verändern wollen, müssen sie genau verstehen, wie sie sich selbst, die anderen Frauen und die Männer sehen und wie sie sich verhalten.

Frauenrollen sind leer von Eigenexistenz

Die Lehre vom bedingten Entstehen ist die Kernlehre des Buddhismus. »Weil das ist, ist jenes.« Alles, was es gibt, existiert abhängig von *Ursachen, Bestandteilen, Bedingungen* und *Benennung.* Alles verändert sich auch wieder, wenn sich die dazugehörigen Bedingungen wieder verändern. Es verändert sich auch dann, wenn sich nur ein einziger Faktor ändert, seien es die kulturellen Werte, die Arbeitsbedingungen oder die Ansichten der Beteiligten. Lakonisch knapp formuliert es Geshe Rabten: »Alle Phänomene sind bloß durch den Geist benannt, und nichts existiert unabhängig von dieser Benennung.« Die ewige Frage, was denn richtiges Denken sei, beantwortet er ebenso klar und knapp: »Wenn das, was wir wahrnehmen, existiert, ist unsere Wahrnehmung korrekt.«[16] Die Tragweite dieses Satzes können wir ansatzweise ahnen, wenn wir ihn auf unser alltägliches Leben beziehen.

Eine »richtige« Frau

Angenommen ich halte mich für eine »richtige« Frau, die alles tut und kann und ist, was man von ihr heutzutage erwartet: perfekte Geliebte, ideale Frau und Mutter und erfolgreich im Beruf; und mit ihrer Vollkommenheit übt sie keinerlei Druck auf ihre Nächsten aus. »Wenn das, was wir wahrnehmen, existiert, ist unsere Wahrnehmung korrekt.« Wenn es jedoch diese Traumfrau nur in unseren Träumen gibt, und die Frau, die tagtäglich aufsteht und arbeitet, sich freut und sich ärgert, ganz anders ist, stimmt einfach unser Konzept nicht. Meist ändern wir aber in solchen Fällen nicht unsere Vorstellungen, sondern üben Druck auf uns aus. Wir legen uns Daumenschrauben an, reißen uns zusammen, strengen uns an und wundern uns, wenn uns das erschöpft und frustriert.

Setzen wir die Lehren vom bedingten Entstehen um, heilt uns das vom Festhalten an fixen Ideen über uns und andere. Diese Lehren können uns helfen, überzogene Erwartungen, unrealistische Ansprüche und falsche Vorstellungen aufzulösen. Sie können uns befreien vom Druck einer für wahr gehaltenen patriarchalen Kultur.

Die Mahayana-Traditionen sprechen von bedingtem Entstehen und Leerheit als den zwei Seiten der Medaille Wirklichkeit. Die herkömmliche oder »relative« Wirklichkeit von Menschen und Tieren, Gegenständen und Umständen, von ethischen Vorstellungen, kulturellen Werten, von Beziehungen, Selbstbildern, von Alter, Krankheit und Tod, folgen den Gesetzen des bedingten Entstehens, den Karmagesetzen. Alles, was es gibt, kann entstehen, für eine Weile bestehen und wieder vergehen, weil die relative Wirklichkeit aller Phänomene und ihrer Beziehungen miteinander »leer ist von Eigenexistenz«, leer von letztendlicher Gültigkeit.

Es gibt einfach nichts, worauf man den Finger legen könnte. Nichts *ist* einfach *so* oder *so*. Alles ist in Bewegung. Alles verändert sich unablässig, aufgrund bestimmter Bedingungen. Darunter kann und wird man leiden. Man kann aber auch damit spielen und die Freiheit des offenen Raums der Leerheit genießen. Die »königliche Schlußfolgerung« eines Nagarjuna lautet: »Weil alles leer ist von Eigenexistenz, existiert es in Abhängigkeit. Weil alles in Abhängigkeit existiert, ist es leer von Eigenexistenz.«[17]

Soziale Strukturen, kulturelle Werte, Frauen- und Männerrollen sind »leer von Eigenexistenz«, weil sie in Abhängigkeit von Ursachen und Bedingungen entstehen. Es gibt keine Frau »an sich«, keine »richtigen« und keine »falschen« Frauen und keine »natürliche« Bestimmung von Frau und Mann. Es gibt soziale Konventionen und Rollen, die in Abhängigkeit von biologischen und ökonomischen Bedingungen und kulturellen Werten entstehen, für eine Weile bestehen und wieder vergehen, wenn die Bedingungen nicht mehr gegeben sind. Frauen- und Männerrollen ändern sich, wenn Frauen und Männer andere Bedürfnisse und Fähigkeiten leben wollen und können. Die Lehre vom bedingten Entstehen aller Arten sozialer und kultureller Wirklichkeit, von Werten und Strukturen kann unendlich viel Energie freisetzen, die in der Vorstellung von der »natürlichen« Frau und dem »natürlichen« Mann gebunden und blockiert ist. Eine Frau ist das, was Frauen leben.

»Richtige« und »falsche« Wahrnehmung

Damit wir fixe Ideen und falsche Vorstellungen über Gott und die Welt, über Frauen und Männer loslassen können, braucht es zum einen Einsicht in falsche Vorstellungen und zum anderen »richtige« Konzepte. Das sind brauchbare und hilfreiche Vorstellungen, die mit der von ihnen beschriebenen Grundlage übereinstimmen: Person, Ort, Gegenstand, Gefühl, Phänomen usw. Die buddhistische Philosophie unterscheidet zwischen unmittelbarer und begrifflicher Wahrnehmung. Unmittelbare oder direkte yogische Wahrnehmung sieht die Dinge, wie sie sind, d. h. man weiß, daß sie unbeständig, leidhaft und ohne wahren Kern, ohne Substanz sind. Mit korrekter Wahrnehmung erkennen wir sowohl die relative Funktion als auch die absolute Leerheit der Dinge. Solange wir nicht erwacht sind, ist die Wahrnehmung beider Ebenen allerdings nicht im gleichen Augenblick möglich. Wir erkennen immer nur die Ebene, auf die wir unsere gesammelte Aufmerksamkeit richten.

Begriffliche Wahrnehmung kann »richtig« oder »falsch« sein. Sie ist nur dann richtig, wenn ich weiß, daß ich begrifflich wahrnehme. Ich muß erstens bemerken, daß ich mit Vorstellungen und Konzepten hantiere, und ich darf sie nicht für die Wirklichkeit halten. Zweitens muß das, was ich wahrnehme, nach konventionellen Begriffen existieren. Eine Aussage über Frauen ist nur dann richtig, wenn ich weiß, daß sie lediglich eine Vorstellung beschreibt. Oder: Jede Aussage über Frauen ist eine Arbeitshypothese, die ihre Richtigkeit erst erweisen muß. Auch die Aussage »Frauen sind wunderbar« ist lediglich ein Finger, der auf den Mond zeigt, und sie erweist sich erst dadurch als richtig, daß ich lauter wunderbare Frauen finde.

Wenn wir uns diese Hinweise zu Herzen nehmen, läutet das eine Revolution des Denkens ein. Wir merken mehr und mehr, daß wir uns in unserer eigenen Welt bewegen, in einer Welt begrifflicher Vorstellungen. Auch wenn wir das anfangs nur mit dem Verstand begreifen, schützt uns dieses Herangehen vor Rechthaberei und dem Festhalten an Ansichten und Meinungen. Die Lehre vom gültigen Wahrnehmen weist uns darauf hin, daß alle Vorstellungen eben nur Vorstellungen sind, selbst wenn es sich um Worte des Buddha handelt, die die Welt, wie wir anfangs meinen, »objektiv« richtig beschreiben. Auch die Worte des Buddha beschreiben keine »objektive« Wirklichkeit, sondern sind Ausdruck eines offenen, wachen Geistes. Es geht auch bei Buddha-Worten nicht darum, den »Finger« des Buddha, der auf den Mond zeigt, als »objektive« Wahrheit zu verehren, sondern den Mond selbst zu sehen.

Das Phänomen Frau

Die zweite Bedingung richtiger begrifflicher Wahrnehmung ist, daß es das gibt, worauf sich das Konzept bezieht. Richtige Wahrnehmung muß also einerseits die herkömmliche Realität richtig erfassen und andererseits die absolute Ebene, das Leersein von allen Zuschreibungen, kennen. Herkömmliche Realität umfaßt Ursachen, Bedingungen, Bestandteile und die richtige Benennung eines Phänomens, beispielsweise des Phänomens Frau. Die Aussage »Eine richtige Frau muß Mutter sein«, ist doppelt falsch. Erstens, weil die Person, die sie äußert, im allgemeinen nicht bemerkt, daß sie damit lediglich eine Meinung kundtut. Zum zweiten, weil ein kurzer Blick auf die »real existierenden« Frauen in unserem Land zeigt, daß es viele biologische Frauen gibt, die keine Kinder haben. Viele Feministinnen vertreten die Überzeugung, »Frauen sind das bessere Geschlecht«. Das ist ebenfalls doppelt falsch. Zum einen begreifen sie diese Behauptung nicht als bloße Vorstellung, die es zu überprüfen gilt, und zum zweiten zeigt ein kurzer Blick auf das Verhalten von Frauen, daß die weibliche Hälfte der Menschheit nicht nur aus guten Menschen besteht.

Was ist nun richtige Wahrnehmung? Was sind brauchbare Konzepte? Es sind Arbeitshypothesen über Gott und die Welt, Frauen und Männer, von denen wir wissen, daß es Vorstellungen sind, die die herkömmliche Wirklichkeit korrekt erfassen und die uns dazu inspirieren, »den Mond zu sehen«. Mit dieser Einsicht hört unsere endlose Verwirrung über Rollenkonflikte, Stellung der Frau in Gesellschaft, Philosophie und Religion, in Literatur und Kunst auf. Wir erkennen alle Bilder und Aussagen über Frauen (und Männer) als bloße Vorstellungen und Bilder und nicht als per se verbindliche Wahrheiten. Wir identifizieren uns weder mit seltsam antiquierten noch mit hypermodernen Bildern von uns und definieren uns auch nicht mehr über die Abgrenzung gegen sie. So wird Energie frei, und wir spüren, daß es möglich ist, unseren Weg aus der Welt der hierarchischen Differenz und der Angleichung an das Modell Mann zu finden und zu gehen: in ein Leben als freie Frauen.

Wir überprüfen alle Aussagen über Frauen (und Männer) auf ihre empirische Stimmigkeit. Wir schauen, ob sie uns dabei helfen, unsere besten Seiten, unsere offensichtlichen und latenten Fähigkeiten und Möglichkeiten zur Entfaltung zu bringen. Engen uns die Vorstellungen, Ansprüche und Erwartungen an Frauen ein, lassen wir sie einfach fallen. Frauen können allein und mit anderen Frauen zusammen ausprobieren, was Frauen sind, sein wollen und sein können. Wenn wir verstehen, daß alle Vorstellungen über Frauen, überlieferte und moderne, ausgefeilte philosophische Konzepte und religiöse Bilder eben nur Vorstellungen widerspiegeln, brauchen wir nicht mehr gegen sie zu kämpfen. Wir können sie fallenlassen und etwas anderes ausprobieren. Vorstellungen fallenzulassen, an die wir ein Leben lang geglaubt haben, ist nicht einfach. Es ist eine Lebensaufgabe, die uns – für viele Jahre – gleichzeitig verstört und beglückt, irritiert und befreit.

Übrigens: Wir werden auf diesem Weg auch »Fehler« machen. Das ist normal, und wir können aus ihnen lernen. Wir finden den mittleren Weg nur über das Ausloten der Extreme. Schauen wir uns die Geschichte der patriarchalen Welt an, so sehen wir, daß sie aus einer endlosen Ansammlung von »Fehlern« und Irrwegen besteht, die dennoch von allen Geschichtsschreibern als historisch bedeutsam beschrieben werden.

Viele Bilder prägen eine Frau

Wir können uns beispielsweise die Vorstellungen über Frauen, die im Laufe unseres Lebens an uns herangetragen wurden und die wir bewußt oder unbewußt übernommen haben, vornehmen. Wir prüfen, ob sie die herkömmliche und absolute Realität von Frauen richtig erfassen. Welche Ursachen und Bedingungen bestimmten die empirische Realität von Frauen? Frauen haben einen weiblichen Körper und können Kinder gebären. Diese Fähigkeit legt sie aber nicht von vornherein auf eine bestimmte Arbeitsteilung fest und beschränkt sie auch nicht auf bestimmte emotionale Muster und geistige Fähigkeiten. Die absolute Realität von Frauen ist die grundlegende Offenheit ihrer Möglichkeiten, »das Leersein von allen Zuschreibungen«, die auf sie projiziert werden.

Man kann Frauen (und Männer) nicht auf bestimmte Rollen festlegen. Frauen können sich vielseitig entwickeln. Wie alle Wesen – wie Kakerlaken, Höllenwesen und Männer – besitzen auch Frauen Buddha-Natur, können alle Probleme überwinden und alle Fähigkeiten entfalten.[18] Sie müssen auf diesem Weg ihr Frausein nicht ignorieren und sich auch nicht kurz vor dem Erwachen in Männer verwandeln, wie das einige Mahayana-Sutras ganz im Ernst vorschlagen. Sie müssen lediglich die Identifikation mit bestimmten Rollen und Grenzen aufgeben, wie das auch die Männer müssen, wenn sie Buddhas werden wollen. Auf diesem Weg können und müssen wir alle »Männer- und Frauenphantasien« als solche erkennen, sie links liegen lassen und unseren eigenen Weg finden.

Eine »richtige« Familie

Eine ähnliche Analyse können wir mit dem Begriff »Familie« anstellen. Zuerst machen wir uns klar, daß sowohl die »natürliche« Großfamilie als auch die »normale« Kleinfamilie einfach Bilder sind, die zu bestimmten Zeiten aufgrund von bestimmten ökonomischen und kulturellen Bedingungen entstanden. So spüren wir die Freiheit, die heutigen Bedingungen genau zu beobachten und das Beste daraus zu machen. Die geringere Bedeutung der Blutsfamilie, der Ortsbindung und der gemeinsamen Religion, die große Mobilität der Menschen, die Auflösung fester Frauen- und Männerrollen, die zunehmende Bedeutung der Entwicklung des einzelnen, erhöhter Arbeitsdruck, Karrierewünsche aller Beteiligten und der Wunsch nach tiefen Beziehungen sind zentrale Faktoren, die traditionelle Beziehungsstrukturen verändern. Kleben wir nicht an bestimmten Modellen, weil wir sie für einzig richtig halten, dann gewinnen wir den Mut und die Kraft, neue Formen des Zusammenlebens auszuprobieren. Wir fühlen uns nicht »beziehungsunfähig« oder »unnormal«, wenn zu dieser Suche nach neuen Formen auch ungewohnte Experimente, Enttäuschungen, Phasen des Alleinerziehens von Kindern und des Alleinlebens gehören.[19] Das alles sind die Geburtswehen von etwas Neuem. Und Geburtswehen tun weh. Geburt ist Leiden, lehrt der Buddha.

Schließlich können wir über Bilder von erwachten, von erleuchteten, von freien Frauen wie Prajnaparamita, Kuan Yin und Tara unseren Vorstellungshorizont ausweiten und eine Ahnung von unseren Möglichkeiten gewinnen. Das ist selbst dann möglich, wenn die Überlieferung die alten Mythen von der Göttin patriarchal redigiert hat. Aber darüber mehr im nächsten Kapitel.

Beziehungen zum anderen Geschlecht

Gehen wir einmal umgekehrt heran: Männer können eine stabile und doch flexible Identität als Männer aufbauen, wenn sie (a) intensive Beziehungen zu anderen Männern leben und sich nicht nur in der Beziehung zu einer Frau, sondern in horizontalen Beziehungen zu Männern als Männer erleben, (b) von männlichen Autoritäten lernen und (c) in der Beziehung zu einem transzendenten Männlichen ihre Grenzen überwinden und Mut gewinnen, die zu werden, die sie werden können.

Vor diesem Hintergrund gewinnen Beziehungen zu Frauen eine neue und produktive Dynamik. So werden Männer fähig, (a) Beziehungen zu Frauen zu leben, in denen sie ihre Andersartigkeit spüren und sich doch als gleichwertig empfinden. Sie können

(b) von Frauen lernen, ohne im Stadium des abhängigen Sohnes oder des besserwisserischen Vaters steckenzubleiben. Schließlich können sie (c) in der Beziehung zu einer weiblichen Buddha-Gestalt ihr »archetypisches Trauma« als Söhne einer Frau heilen. Patriarchale Religiosität hat als eine ihrer Wurzeln die archetypische (und nicht auf biographische Ereignisse reduzierbare) Erfahrung des Mannes, von einer Frau geboren und damit existentiell abhängig von Frauen zu sein. Das ist »die archetypische Wunde« des Mannes: Er ist und bleibt durch seine Geburt von einer Frau abhängig. Die allgemeine Einsicht in bedingtes Entstehen kann da heilend wirken, denn schließlich wirken bei einer Geburt, wie man inzwischen weiß, auch die Väter mit. Doch die archetypische Wunde des Sohnes der Großen Mutter kann nur heilen, wenn er nach seinem transzendenten Vater (heiße er Gott oder Buddha) auch seine transzendente Mutter erkennt und achtet.

Frauen können diese kurze Betrachtung über die Notwendigkeit von Beziehungen zum anderen Geschlecht an dieser Stelle in eigener Regie durchführen.[20]

Sechs Übungen

Übung 1: Von Frauen lernen

Wir fragen uns: Was kann ich? Was bin ich? Was sind meine wichtigsten Eigenschaften und Fähigkeiten?
Von wem oder mit wem habe ich das gelernt?
Was davon habe ich mit meiner Mutter gelernt?
Was habe ich von anderen Frauen gelernt?
Wissen das diese Frauen?
Wir denken an alle Frauen, von denen wir Wesentliches gelernt haben und bedanken uns nacheinander bei jeder für das, was wir von ihr gelernt haben.

Übung 2: Eine weibliche Genealogie

Wir malen oder zeichnen einen Frauenstammbaum mit allen wichtigen Frauen unseres Lebens, mit Frauen aus Mythologie und Geschichte, die für uns eine wichtige Rolle gespielt haben und heute noch spielen.

Übung 3: Beziehungen zu Frauen

Wir denken an die Frauen, die eine wichtige Rolle in unserem Leben spielen; heute und in den letzten Jahren. Wir fragen uns:
Was mag ich an ihnen? Was zieht mich an?
Was finde ich schwierig?
Was mögen sie an mir?

Wir denken an Frauen, die im Laufe unseres Lebens wichtig waren: die Mutter, die Großmutter, Tanten, Jugendfreundinnen, Nachbarinnen, Lehrerinnen. Wir fragen uns:
Was mochte ich an ihnen? Was zog mich an?
Was fand ich schwierig?
Was mochten sie an mir?

Übung 4: Beziehungen zu Männern

Wir denken an Männer, die eine wichtige Rolle in unserem Leben spielen; heute und in den letzten Jahren. Wir fragen uns:
Was mag ich an ihnen? Was zieht mich an?
Was finde ich schwierig?
Was mögen sie an mir?

Wir denken an Männer, die im Laufe unseres Lebens wichtig waren: an den Vater, den Großvater, Onkel, Cousins, Jugendfreunde, Nachbarn, Lehrer. Wir fragen uns:

Was mochte ich an ihnen? Was zog mich an?
Was fand ich schwierig?
Was mochten sie an mir?

Übung 5: Mein Stammbaum

Wir malen oder zeichnen einen großen Baum mit vielen Ästen und
Blättern. Wir schreiben die Namen wichtiger Personen jeweils auf
ein Blatt oder kleben ein Foto darauf. Links sind die Frauen und
rechts die Männer. Wir denken an Schwestern, symbolische
Mütter und Göttinnen; an Brüder, symbolische Väter und männ-
liche Gottheiten. Wir schauen uns das Bild einige Tage oder
Wochen an. Wir freuen uns über all die Wesen, die uns auf unse-
rem Weg begleiten und begleitet haben.

Wir können unter jeden Namen mit zwei, drei Begriffen notie-
ren, was wir von dieser Person gelernt haben.

Übung 6: Neid als Weg zum »Mehr«

Wir denken an eine Situation, in der wir neidisch auf eine
andere Frau waren. Um welche Eigenschaften und Fähigkeiten
geht es? Was möchten wir gerne erleben, können, bekommen,
tun?

Wir fragen uns: Wie fühlt sich der Neid an? Wie ist mein
Selbstwertgefühl, wenn ich neidisch bin? Welche Vorstellungen
und Bilder tauchen auf? Über mich selbst und über die andere
Person.

Wir spielen jetzt ein wenig mit unserem Neid. Wir nehmen ihn
als Hinweis auf die Eigenschaften und Fähigkeiten, die wir selbst
gern entwickeln und auf die Bedingungen, die wir gern antreffen
möchten.

Welche Umstände und Menschen können mich in meiner
Entwicklung unterstützen? Welche Bedingungen brauchen wir,

um bestimmte Fähigkeiten zu entwickeln und das zu erreichen,
was wir uns ersehnen?

Wir nutzen unseren Neid als Weg zum Mehr.[21]

2 Mutter, Tochter – Göttin, Frau

Im Herbst 1988 hielt ich in Berlin ein Wochenendseminar zum Thema Tod und Sterben. In stillen und geführten Übungen erinnerten sich die Teilnehmerinnen an erste Erfahrungen mit dem Tod in ihrer Kindheit und stellten sich ihren Ängsten vor dem Sterben. In einer geführten Übung schlug ich vor, sich ein letztes Gespräch mit einer Person vorzustellen, mit der es noch ungeklärte Konflikte gab. Von den 35 Frauen, die an dem Kurs teilnahmen, führten 32 das Gespräch mit der eigenen Mutter. Die Mütter der meisten Frauen lebten noch, einige hatten sie schon vor Jahren begraben müssen. Im anschließenden Gespräch schlugen einige Frauen vor, ich solle ein Meditationsseminar zum Thema »Mutter und Tochter« halten.

Seit 1989 biete ich regelmäßig Kurse für Frauen von ein bis sechs Tagen Dauer zu diesem Thema an. In geführten Übungen schauen sich die Frauen die Beziehung zur eigenen Mutter an beziehungsweise zu der Frau, die diese Rolle innehatte. Zuerst vergegenwärtigen sie sich Schlüsselerlebnisse von Kindheit und Jugend, die ihre Vorstellungen von Frausein geprägt haben: Erste Wahrnehmung des eigenen Geschlechts, erste Blutung, weibliche Vorbilder. Sehr aufschlußreich ist die Erinnerung an typische Ferien, Geburts- und Feiertage und an die Spielregeln: Was Mädchen und Jungen beim Spielen *dürfen* und *sollen*, *nicht dürfen* und *nicht sollen*. Dann schauen sie sich die Beziehung zur Mutter als Erwachsene an. Frauen mit Töchtern denken über ihre Rolle als Mutter nach. Ältere Frauen vergegenwärtigen sich auch die Zeit der Menopause und deren Auswirkungen auf das eigene Frauenbild.

Mit Übungen zur Grünen Tara machen sich die Frauen schließlich ihre Idealvorstellungen von Frauen bewußt, von erwachten, erleuchteten, von freien Frauen. Der Aufbau der einzelnen Übungen und ihre Abfolge orientiert sich an der Grundthese des vorigen Kapitels: Frauen können innerlich und äußerlich frei werden, wenn sie begreifen, daß alle Vorstellungen von Frausein lediglich Vorstellungen sind, die ihre Gültigkeit im »wahren« Leben erweisen müssen. Sie müssen ihre Vorstellungen in lebendigen und kontinuierlichen Beziehungen mit anderen Frauen entwickeln und immer wieder überprüfen: in schwesterlichen Beziehungen, mit weiblichen Vorbildern und im Spiegel eines weiblich differenzierten Göttlichen, im Spiegel weiblicher Buddhas, wie beispielsweise der Grünen Tara.

Einsicht und Geduld

Meditative Methoden ergänzen begriffliche Einsichten um mindestens zwei wesentliche Dimensionen. Zum einen kommen wir so unseren un- oder nur halbbewußten inneren Strukturen, Werten und Selbstbildern besser auf die Spur und lassen uns von unseren bewußten Vorstellungen und Ansprüchen weniger blenden und in die Irre führen. Zum anderen macht uns die Einsicht in Tiefenstrukturen und Werte geduldig und bescheiden, was das Tempo von Veränderung angeht. Auf die Frage, wie lange es wohl dauern mag, bis sich emotionale Strukturen und Verhaltensmuster verändern, wenn man sich intensiv darum bemüht, antwortete der tibetische Lama Akong Rinpoche: »Maybe next life.« Der Dalai Lama sagt immer wieder: »Ich finde den Gedanken an zukünftige Leben hilfreich. Ich stehe dann nicht so unter Druck, alles in einem Leben schaffen zu müssen.« Die Tradition empfiehlt, sein Bestes zu tun, um Veränderungen in Gang zu setzen, gleichzeitig aber alle Erwartungen auf schnelle Erfolge fallen zu lassen, da das Enttäuschungen vorprogrammiert.

Die Grüne Tara

Im Sommer 1977, ganz zu Beginn einer zweijährigen Studienreise nach Indien, habe ich in Dharamsala zum ersten Mal etwas von der Grünen Tara gehört. Im tibetischen Buddhismus spielt nicht nur der historische Buddha, Siddhartha Gautama, von den Tibetern meist Shakyamuni Buddha genannt, eine Rolle. Es gibt viele weitere Buddha-Gestalten, weibliche wie männliche. Auf dem Flug von Hongkong nach Kalkutta hatte ich zwar ein Buch über Buddhismus gelesen, darin kamen aber keine weiblichen Buddhas vor. Deshalb war ich hocherfreut, von tibetischen Lamas zu hören, daß die Grüne Tara eine Erwachte, eine Buddha sei, die zudem noch als *Mutter aller Buddhas* verehrt wurde. Gegen Ende des gleichen Jahres erhielt ich eine »Einweihung« in die Praxis der Grünen Tara, begann täglich über sie zu meditieren, und »sie« begleitet mich auch heute noch.

Das nächste Kapitel ist der Praxis der Grünen Tara gewidmet. In diesem Kapitel werde ich mit Hilfe einzelner Aspekte der Übung die Mutter-Tochter-Beziehung beleuchten.

Mütter, Töchter, Frauenbilder

Viele Frauen leiden unter den Brüchen und Beschädigungen, die sie in ihrer Beziehung zur Mutter erhalten haben, und die sich bei ihren Töchtern wiederholen. Wenn wir unserer Mutter gegenüber unerfüllte Erwartungen haben, Enttäuschung, Wut, Haß und Schuldgefühle empfinden, kann das bedeuten, daß wir ihr bewußt oder unbewußt die Schuld an unserer brüchigen Identität als Frau zuweisen. Die Mütter haben uns nicht zu selbstbewußten und starken Frauen erzogen.[22]

Mütter genießen durchaus Achtung, doch ist sie gebrochen durch den Kampf der Väter um ihre eigene Bedeutung. Stand in matrifokalen Gesellschaften die äußerst offensichtliche Mutterlinie im Zentrum, sorgten die Väter später für andere Sitten. Aus ihrer ewigen Unsicherheit um die Vaterschaft schränkten sie die Bewegungsfreiheit ihrer Ehefrauen ein. Mit Hilfe des Christentums setzten sie die Mär von der unsterblichen Seele durch, die der Vater dem Kind mit seinem »Samen« gibt, während die Mutter lediglich den »Ackerboden« bereitstellt, auf dem der Same des Vaters zu einem Kind heranreift. Vielleicht haben die Väter immer noch Angst, bei einer Abtreibung einen Teil ihrer Seele zu verlieren? Möglicherweise ist es diese – völlig unbewußte – Auffassung, die dem heutigen Kampf vieler Männer gegen die Abtreibung die Ausdauer und emotionale Vehemenz verleiht.[23] Spuren einer matriarchalen Verwandtschaftsdefinition lassen sich überall finden. Im orthodoxen Judentum gilt beispielsweise nur die Person als jüdisch, deren Mutter Jüdin ist. Ein jüdischer Vater allein zählt nicht. Ich habe auch viele Frauen aus der Generation meiner Mutter sagen hören, »richtige« Enkel seien nur die Kinder der eigenen Tochter.

Solange Frauen die Schwierigkeiten mit der Mutter auf biographische Ereignisse und die psychologische Ebene reduzieren, schneiden sie Luisa Muraro zufolge den Weg zu einer Lösung ihrer Probleme ab. Diese Ebene muß zwar erkannt und aufgearbeitet werden, aber es gilt auch die kulturelle Dimension der gestörten Mutter-Tochter-Beziehung zu begreifen und eine »neue symbolische Ordnung zwischen Frauen« (Irigaray) zu schaffen, die mit der Zeit diese alten Wunden heilen kann.

Alte Wunden heilen

Zu den heilenden Elementen für die Beziehungen zwischen Mutter und Tochter gehört die Aufarbeitung der biographischen Verletzungen, die beide erlitten haben, allerdings unter Berücksichtigung des kulturellen Kontextes. Sehr aufschlußreich ist dabei die Zeit der ersten Blutung. Die erste Blutung des halbwüchsigen Mädchens markiert das Ende der Kindheit und den Beginn des Frauseins. Wie soll ein Mädchen Frausein positiv besetzen, wenn kaum über die erste Blutung gesprochen wird, und wenn, dann in abschätzigen Worten: »Du Arme, jetzt bist du auch dran. Das geht jetzt vierzig lange Jahre so. Paß jetzt bloß auf mit den Männern. Daß du ja nicht mit einem Kind ankommst.« Schon lange wird dieser Einschnitt im Leben eines Mädchens in unserer Kultur nicht mehr zelebriert. Was würde es für Mädchen bedeuten, wenn dieser Tag oder ein Tag in diesem Jahr so festlich begangen würde wie Erstkommunion, Konfirmation oder Jugendweihe?

Quinze Años

Dazu eine kleine Geschichte: Am weißen Sonntag 1997 haben ein fünfzehnjähriges Mädchen, ihre Eltern, ihre kleine Schwester und ihre fünf neuen Patinnen im Haus der Kulturen der Welt in Berlin eine »Quinze años«-Zeremonie gefeiert. In der mexikanischen Stadt Juchitan, der »Stadt der Frauen«, und in den umliegenden Gemeinden einer zapatekischen Volksgruppe halten sich trotz langjähriger spanischer Kolonialherrschaft und moderner Amerikanisierung seit über fünfhundert Jahren soziale Strukturen, in denen Frauen und Männer relativ gleichberechtigt miteinander leben. Dort gibt es auch Reifezeremonien für fünfzehnjährige Mädchen.

Angeregt durch ein Buch über diese frauenfreundliche Kultur »erfanden« wir gemeinsam eine Zeremonie, in der die Eltern ihre Tochter aus ihrer Obhut entließen und in die Obhut von fünf neuen Patinnen gaben, die das Mädchen sich selbst ausgesucht hatte. Jede Patin »fördert« ihre Patentochter in einem bestimmten Bereich. In unserem Fall sind das: Wassersport, Motorradfahren, Natur, Kultur und geistige Orientierung: Ich bin die Bücher-Patin, berate meine »Wahl«-Nichte bei der Auswahl von Lektüre, und bin zugleich für Feminismus und die Grüne Tara zuständig. Seit der Zeremonie verhalte sich ihre große Tochter wesentlich erwachsener, berichtete die Mutter zwei Wochen nach der Zeremonie. Und die kleine Tochter wünsche sich später auch so ein Fest.[24]

Ein weiterer zentraler Schritt in der Heilung unserer alten Wunden als Frauen ist die Wiederentdeckung einer weiblichen Genealogie. Wir entdecken die Frauen unserer Familie, unsere Ahninnen, Lehrerinnen und weiblichen Vorbilder, die Frauen, von denen wir wesentliches im Leben gelernt haben. Wir besinnen uns darauf, was sie uns gegeben haben und entwickeln Dankbarkeit dafür. Luisa Muraro stellt die These auf, daß uns Fähigkeiten erst dann wirklich »gehören«, wenn wir Dankbarkeit gegenüber der Person empfinden, von oder mit der wir etwas gelernt haben. Dieser Einschätzung würde jeder tibetische Lama aus vollem Herzen zustimmen.[25]

Wir befassen uns wieder oder ganz neu mit den Frauen aus Mythos und Geschichte, die ein Bild von Stärke und Selbstvertrauen vermitteln. Und schließlich befassen wir uns mit der Grünen Tara, als einer Manifestation der Großen Göttin, die uns hilft, »die zu werden, die wir werden können«. Werden wir uns mehr und mehr dessen bewußt, was wir bereits von Frauen gelernt haben, können wir mit der Zeit bewußt und gezielt von Frauen lernen. Im Einzelfall ist es wohl nicht immer möglich, die Mutter als zentrale erste Lehrerin unseres Lebens wiederzuentdecken und wertzuschätzen, doch können wir fast genausogut von anderen Frauen, von »symbolischen Müttern« lernen.[26]

Die italienischen Frauen nennen die vertikale Beziehung zwischen zwei Frauen »affidamento« (Anvertrauen). Eine Frau vertraut sich der anderen an und lernt bewußt von ihr. Damit heilt sie auch die Beziehung zur eigenen Mutter:

> Damals »haben wir verstanden, daß die Präferenzbeziehung zu einer Frau das Zeichen dafür ist, daß die alte Beziehung zur Mutter in unseren Beziehungen in einer vitaleren fruchtbaren Form symbolisch wieder auftaucht und dabei die schrecklichen Mechanismen der Wiederholung durchbricht«.[27]

Wir müssen die »kulturell bedingten Verwüstungen« in der Beziehung zu unserer biographischen Mutter erkennen, wenn wir uns von dem Haß und der Undankbarkeit gegenüber unserer Mutter befreien und diese Haltungen nicht an unsere Töchter weitergeben wollen.

Vielleicht nehmen wir uns hin und wieder eine ruhige halbe Stunde, lassen einige der folgenden Fragen auf uns wirken oder beantworten sie nach einer stillen Meditation oder einer Entspannungsübung schriftlich.

Übung: Meine Mutter

Wie sehe ich meine Mutter heute? Wie sieht meine Beziehung zu ihr aus? Welche Bilder, Ansprüche, Wünsche, Sehnsüchte und Enttäuschungen prägen diese Beziehung? Was stört mich an ihr? Was gefällt mir? Was fehlt?

Was weiß ich vom Leben meiner Mutter? Wie hat sie sich als Mädchen, als junge Frau, als reife Frau, als alte Frau gefühlt? Welche äußeren und inneren Einflüsse waren für ihr Leben maßgebend? Was waren ihre Sehnsüchte und Hoffnungen? Wie hat sie gelebt, als sie so alt war wie ich heute?

Übung: Ich bin eine Frau!

Wie sehe ich mich als Frau? Was erwarte ich von mir? Welche Anforderungen kann ich erfüllen, welche nicht? Was macht meinen Selbstwert als Frau, als menschliches Wesen aus? Mit welchen Frauen habe ich viel zu tun? Wie leben meine Freundinnen ihr Leben als Frauen? Was tun sie gern? Worauf sind sie stolz? Was bereitet ihnen Kummer? Worüber ärgern sie sich?

Welche Aussagen über Frauen aus Literatur, Filmen, Politik,

Medien und Werbung berühren mich wie? Worüber ärgere ich mich immer noch oder erneut? Welche Aussagen aus dem überlieferten, teils anerkannten, teils kritisierten Kulturkanon erfreuen mein Herz? Welche Aussagen wecken Sehnsüchte und Hoffnungen? Was fällt mir auf? Woran reibe ich mich?

Das Weibliche Göttliche

Welche Bedeutung hatte für mich als Kind das Göttliche in seiner christlichen Form als männliche Trias von Gottvater, Gottsohn und – schon grammatisch männlichem – Heiligem Geist? Habe ich das Fehlen einer Göttin als Mädchen bemerkt? Was bedeutete für mich das Bild der Gottesmutter Maria, der Himmelskönigin, die in der katholischen Kirche in geradezu leidenschaftlichen Liedern besungen wurde und heute noch wird?

Eine konkrete Möglichkeit, sich einem weiblichen Göttlichen anzunähern, besteht darin, an dem anzuknüpfen, was wir in der Beziehung mit unserer biologischen Mutter und mit für uns wesentlichen Frauen an sinnlichem Vermögen und konkreten Fähigkeiten erworben und an Beziehung zur Welt gelernt haben. In einer gedanklichen Übung können wir dann eine oder mehrere dieser lebensspendenden Eigenschaften erinnern und weiterentwickeln und über das Menschliche hinaus transzendieren. Vielleicht können wir auf diese Weise eine Beziehung zu einem weiblichen Göttlichen herstellen und sie durch Tara-Meditationen vertiefen.[28]

Diese Übung eignet sich gut dafür, auch zu den Fähigkeiten der eigenen Mutter einen positiven Bezug herzustellen, die wir mit der klassischen Frauenrolle verbinden und deshalb ablehnen.

Übung: Das Weibliche Göttliche

Wir denken an ein, zwei Fähigkeiten unserer Mutter: Vielleicht konnte sie gut kochen oder war eine gute Gastgeberin. Vielleicht strickte sie gern oder konnte gut singen, basteln, organisieren, improvisieren und so weiter.

Nimm dir dann zwei klassisch »weibliche« Fähigkeiten vor wie kochen und Gäste bewirten. Die Assoziationskette könnte lauten: Kochen, nähren, Nahrung bereitstellen, Nahrung wachsen lassen – und schon sind wir bei der griechischen Göttin Demeter.

Demeter wird unter anderem als Gerstenmutter dargestellt, als die Weise der Erde, die große Nährerin.[29] Wenn wir uns an Demeter und andere Göttinnen der Antike erinnern, können wir eine Beziehung zum göttlichen Aspekt einer jeden menschlichen Handlung und Fähigkeit herstellen.

Śyāmātarā. Nepal 9./10. Jahrhundert.
Entnommen aus: Helmut Uhlig, *On the Path to Enlightenment. The Berti Aschmann Foundation of Tibetan Art at the Museum Rietberg Zürich.* Zürich 1995.

3 Die Grüne Tara

In alten Zeiten gab es nur die Göttin, die Mutter des Himmels und der Erde, die Mutter des Alls, aus der alles Leben kam. Die später geborenen Söhne der Großen Göttin entthronten in langen zähen Kämpfen ihre Mutter, die Mutter aller Menschen und Götter. Durch das Wirken ihrer Söhne wurde die Göttin erst zur Mutter und dann zur Gattin eines männlichen Herrschergottes. In unserer christlichen Tradition wurde sie schließlich zum irdischen Gefäß für den himmlischen Sohn. Es war ein langer Weg vom All zur Erde, vom Sinnbild des ganzheitlichen Seins, das Leben und Tod umfaßte, zum Gefäß Gottes und schließlich zur Hexe, die mit dem Segen der christlichen Väter zu Millionen auf Scheiterhaufen verbrannt wurde.

Im christlichen Abendland gibt es – zumindest in der katholischen Variante – immer noch Maria, die Himmelskönigin, die Mutter Gottes. Sie hat vor allem in den romanischen Ländern, aber auch in Irland und in den orthodoxen Ländern die Nachfolge der Großen Göttin aus vorchristlicher Zeit angetreten. Der frühe Buddhismus kennt nur den Mann Buddha, dessen Mutter – in gut patriarchaler Tradition – kurz nach seiner Geburt starb. Denn der Schoß, aus dem der Buddha kam, sollte nicht mehr durch einen gewöhnlichen Geschlechtsverkehr »befleckt« werden. Die Mahayana-Tradition preist Prajnaparamita, die Vollendung der Weisheit, als Mutter aller Buddhas, und in Tibet ist die Grüne Tara eine beliebte und verehrte weibliche Buddha-Gestalt. Früher gab es Göttinnen. Warum befassen sich moderne Frauen mit den Göttinnen der »Vor«zeit? Was suchen Frauen aus dem Westen, die die Grüne Tara visualisieren und ihr Mantra rezitieren?

»Keine Konstitution von Subjektivität... ist je ohne Mitwirkung des Göttlichen geworden... Wenn Frauen keinen Gott [im Bild des eigenen Geschlechts, S. W.] haben, können sie nicht kommunizieren, auch nicht miteinander... Es gibt [in der christlichen Tradition, S. W.] keinen weiblichen Gott. Auch keine weibliche Trinität: Mutter, Tochter, Geist. Das paralysiert das Unendliche des Frauwerdens in der Mutterschaft und in der Aufgabe der Inkarnation von Gottes Sohn... Das Religiöse bezeichnet den Ort des Absoluten für uns. Seinen Weg... Gott in uns... Sind wir fähig, diesen Gott als Frau zu imaginieren? Als die Vollendung unserer Subjektivität?«[30]

Luce Irigaray zufolge brauchen Frauen eine Göttin als Horizont, der ihnen hilft die zu werden, die sie sein können. Sie zitiert den Philosophen Anselm Feuerbach mit seiner Ahnung der Bedeutung eines weiblichen Göttlichen für die ganze Menschheit, selbst im Rahmen einer durchaus männlich dominierten Tradition:

»Wo der Glaube an die Mutter Gottes sinkt, da sinkt auch der Glaube an den Sohn Gottes und den Gott Vater. Der Vater ist nur da eine Wahrheit, wo die Mutter eine ist ... Der Glaube an die Liebe Gottes ist der Glaube an das Weibliche als ein göttliches Wesen ... Wer das Weib nicht liebt, liebt den Menschen nicht.«[31]

Gott, Götter, Gottheiten

Was meint die tantrische Tradition des Buddhismus, wenn sie von Gottheiten spricht? Der Buddhismus beschreibt sechs Daseinsbereiche, zu denen auch die Bereiche der Göttinnen und Götter (Skt. *devas*) gehören.[32] Diese Devas genießen zwar weit mehr körperliche und geistige Freuden als die Menschen – sie leben in einer Art Paradies –, doch ist ihr Glück nicht beständig. Sie sind keine transzendenten Götter, sondern sterbliche, weltliche Götter.

Aus buddhistischer Sicht sind alle Götter dieser Welt, selbst Brahma, der höchste Gott des Hinduismus, an das Rad der Wiedergeburt gebunden. Sie gelten als nicht erwacht. Mit Gottheit ist deshalb auch nicht Gott als der »ganz andere«, die große Antithese zum sündigen Menschen gemeint. Es gibt keine Aussagen des Buddha über den Einen Gott der Christen und Moslems, da diese beiden monotheistischen Religionen erst später entstanden. Das Judentum ist zwar älter als der Buddhismus, doch gab es wohl keine Kontakte zwischen den Anhängern beider Religionen. Grundsätzlich gelten für Buddha und seine Nachfolger alle Aussagen über transzendente Prinzipien, ob sie nun Gott, Brahma oder Allah heißen, lediglich als von Menschen gemachte Aussagen. Aussagen über Gott sagen in erster Linie etwas aus über die Menschen, die sich dazu äußern, und seien sie hochentwickelte Wesen, Propheten oder Mystikerinnen. In diesem Sinn erfüllen Buddhisten das Gebot der monotheistischen Religionen und machen sich keine Bilder von Gott. Der Buddha selbst bezeichnete Fragen nach Gott und einer ersten Ursache der Welt als nicht hilfreich auf dem Weg zum Erwachen und schwieg das Schweigen der Weisen.

Die Kraft der Imagination

Die Gottheiten des tantrischen Buddhismus sind Meditationshilfen. Sie sind Symbole der Befreiung, Symbole des Erwachens und damit Projektionsflächen für unsere innere Weisheit. Wenn wir uns erwachte, befreite, freie Wesen vorstellen, wenn wir weibliche und männliche »Gottheiten« imaginieren, nähren wir dem Tantra zufolge unsere innere Weisheit. Wir stellen eine Beziehung her zu unseren heilen Seiten, zu unserem guten Kern, zu unserer Buddha-Natur.

Die tantrische Tradition betont immer wieder, daß wir Bilder des Erwachens brauchen, um das Vertrauen in die uns innewohnende Weisheit zu entwickeln. Nehmen wir das nicht bloß als allgemeine Ratschläge, sondern beziehen wir das Geschlecht der Gottheiten und der Übenden ein, stärken sie das Vertrauen auf die eigenen Kräfte noch viel tiefgreifender und umfassender und wirken so auch bis in die soziale Dimension hinein. Stellen sich Frauen eine erwachte, eine befreite, eine freie Frau vor, stärken sie ihr Vertrauen, daß sie auch als Frauen fähig zur Freiheit sind, und nicht nur dann, wenn sie ihr Geschlecht ignorieren.

Jedesmal, wenn wir uns erwachte Wesen vorstellen, und Göttinnen, Götter, befreite Frauen und Männer imaginieren, beschäftigen wir uns mit erwachten, mit »göttlichen« Eigenschaften und Fähigkeiten. Im Lauf der Praxis erleben wir, wie uns diese »aus der Leerheit«, aus der Offenheit unseres Geistes heraus imaginierten Gottheiten inspirieren und Kraft schenken. Sie unterstützen uns tatsächlich bei der Entdeckung und Entwicklung von Offenheit, Klarheit, Energie und Freude. Und so beginnen wir die ungeheure Kraft unserer Vorstellungen zu ahnen. Der Unterschied zu unbewußten Tagträumen, unrealistischen Phantasien und Größenwahn besteht darin, daß »wir wissen, was wir tun«. Wir imaginieren Buddha-Gestalten bewußt und folgen dabei einer Ikonographie, die ihre Wirksamkeit über Jahrhunderte erwiesen hat.

Der Buddhismus geht davon aus, daß wir alle körperlichen, emotionalen und geistigen Schmerzen heilen können, wenn wir sie unvoreingenommen und umfassend wahrnehmen, sie als Teil des Lebens annehmen und die Identifikation mit ihnen auflösen können. Die Imaginationskraft, mit der wir uns ein Leben ohne unsere derzeitigen Identifikationen vorstellen, spielt auf diesem Weg eine zentrale Rolle. Wenn wir negative und begrenzte Selbstbilder loslassen, unterstützt uns dabei die bewußte Identifikation mit Gottheiten, die wir als Spiegel unserer inneren Möglichkeiten, als Bilder unserer Buddha-Natur begreifen.

Die buddhistischen Schulen und Richtungen unterscheiden sich vor allem in den Methoden, die sie auf dem Weg zur Heilung empfehlen. Visualisierungen, Lichtmeditationen und die Rezitation von Versen und Mantras des tantrischen Buddhismus sind einfach und äußerst wirksam, wenn wir Anspannungen und Verhärtungen auf der körperlichen, emotionalen und geistigen Ebene auflösen und uns mit unseren inneren Heilkräften verbinden wollen.

Die Geschichte der patriarchalen Religionen zeigt, wie schwer es für Frauen (und Männer) ist, Zugang zu ihren latenten Fähigkeiten zu gewinnen, mit einem rein männlichen Götterhimmel und fast ausschließlich männlichen Vorbildern und Symbolen. Auch der historische Buddha Shakyamuni war ein Mann, und er steht auf recht einsamer Höhe mit den überlieferten insgesamt eintausend immer männlichen Lehr-Buddhas unseres Weltzeitalters. Auch wenn man das nicht als kosmischen Ausgleich für die Fähigkeit der Frauen, Kinder zu gebären, interpretiert, sondern als aus Neid und Verzweiflung geborene Antwort der Männer auf die Gebärfähigkeit der Frauen[33], so übt dieses überlieferte Bild der eintausend männlichen Lehr-Buddhas einen fatalen Einfluß auf Frauen und Männer aus.

Die Geschichte des Buddhismus und des Christentums zeigt allerdings immer wieder, daß und wie sich Frauen und Männer patriarchaler Kulturen ihre Göttinnen wiedergeholt haben, gerade auch dann, wenn die jeweilige »Hoch«religion sie völlig abgeschafft, sie in männliche Götter verwandelt oder männliche Götter mit den Eigenschaften und Attributen alter Göttinnen versehen hat. Wir benutzen im folgenden auch für tantrische Gottheiten die Begriffe Gott und Göttin statt des geschlechtsneutralen Begriffs Gottheit, weil alle Gottheiten ein eindeutiges Geschlecht haben. Man kann es zwar auf Bildern teilweise nicht erkennen, doch geben die ikonographischen Kommentare immer eindeutige Hinweise.

Als bekannte Beispiele der wiedererwachten Großen Göttin seien hier stellvertretend für ihre vielen göttlichen Mütter, Schwestern und Töchter die Jungfrau und Gottesmutter Maria im Christentum, die Grüne Tara im tantrischen Buddhismus und die weiblichen Buddhas des Mahayana, Prajnaparamita und Kuan Yin bzw. Kannon erwähnt. Sie haben zwar in der offiziellen Lehre meist keine zentrale Stellung, doch hat die Volksfrömmigkeit die offizielle Interpretation unübersehbar korrigiert.[34] Die tantrischen

Traditionen des Buddhismus schöpfen nach Ansicht westlicher Forscherinnen und Forscher aus dem reichen Schatz vorpatriarchaler Religionen auf dem indischen Subkontinent. »Mutter Indien« hat trotz dreitausend Jahre langer patriarchaler Herrschaft der arischen Reitervölker aus dem Kaukasus kraftvolle Bilder der Göttin beibehalten.

Die zentrale Stellung von Frauen in frauenzentrierten oder frauenfreundlichen Gesellschaften wird häufig in Analogie zur Vaterherrschaft (Patriarchat) als Mutter*herrschaft* (Matriarchat) interpretiert. Man kann sie dann guten Gewissens ablehnen, denn die Umkehrung des Patriarchats können auch Feministinnen nicht wirklich wollen. Man muß sich dann nicht mit einem Gesellschaftsmodell auseinandersetzen, in dem Frauen zwar eine bedeutende Stellung einnahmen, Männer aber nie so unterdrückt wurden wie Frauen in patriarchalen Gesellschaften. Die meisten etablierten Ethnologen und Anthropologen bestreiten die Existenz solcher frauenfreundlichen Gesellschaften, doch einige Forscherinnen und Forscher erkennen in Mythologie und Archäologie deutliche Hinweise darauf.[35]

Wie dem auch sei, die vorpatriarchalen Kulte in Indien verehrten die Göttin und achteten Frauen, Körper und Natur. Das ist der Hintergrund des tantrischen Buddhismus, der Göttinnen, Körper und Sinne, Natur und Elemente in den geistigen Weg mit einbezieht.

Die Grüne Tara

Die ersten Abbildungen der Grünen Tara, Reliefs und Statuen, stammen Martin Wilson zufolge aus dem Indien des 5./6. Jahrhunderts u. Z. Im 7./8. Jahrhundert war die Praxis der Grünen Tara in Indien bereits weit verbreitet. Anfangs war sie eine der beiden Begleitgöttinnen des männlichen Avalokiteshvara, ab dem 8. Jahrhundert gibt es Abbildungen der Grünen Tara als eigenständige Göttin. Sie wird in ihrer Weisheit als Mutter aller Buddhas verehrt und gilt als Verkörperung tätigen Mitgefühls. Beim einfachen Volk war sie als Beschützerin vor Gefahr und Göttin der Wunscherfüllung beliebt. Aber auch viele Mahayana-Mönche verehrten sie.

Im 11. Jahrhundert brachte der indische Mönchsgelehrte Atisha Dipamkara Srijnana die Praxis der Grünen Tara nach Tibet. Schon knapp zweihundert Jahre später erzählt eine Legende, daß das tibetische Volk von Tara und Avalokiteshvara, der männlichen Verkörperung der Liebe und des Mitgefühls, abstammt. Ganz offensichtlich hatte das tibetische Volk seine große Liebe zur Göttin auch nach der Einführung des patriarchalen Buddhismus nicht abgelegt, und so wurde vor allem die Grüne Tara zur Großen Göttin.[36]

Die Tara-Legende

Die Tara-Legende formuliert in schlichten Bildern eine grundsätzliche Kritik an der patriarchalen Weltsicht des klasssischen Buddhismus. Der Legende zufolge lebte in einer anderen Zeit, als der Buddha »Trommelklang« den Menschen den Weg zum Erwachen wies, die Prinzessin Mondengleiche Weisheit (tib. *Yeshe Dawa*, Skt. *Jnana Chandra*). Sie übte mit Hingabe Meditation und erreichte die Stufe der Entwicklung, wo sie ihre nächste Inkarnation frei wählen konnte. Gewöhnliche Sterbliche werden von den »Winden des Karma« in eine Existenz »geschleudert«, die zu ihren Neigungen paßt. Hohe Bodhisattvas, wie die damalige Prinzessin Mondengleiche Weisheit, können sich die Umstände »aussuchen«, in denen ihre Fähigkeiten am besten zum Tragen kommen und die ihrem weiteren Fortschreiten auf dem Weg förderlich sind. Als ein Mönchsfreund von dieser wunderbaren Entwicklung der Prinzessin hörte, beglückwünschte er sie, da sie ja nun endlich einen männlichen Körper annehmen könne, der für das vollständige Erwachen notwendig sei. Die Prinzessin bedankte sich bei diesem Mönch, wies aber seine Empfehlung höflich zurück und verkündete folgenden Entschluß: »Von nun an bis zum vollständigen Erwachen werde ich nur weibliche Verkörperungen annehmen, als Vorbild und Inspiration für alle Frauen auf dem Weg.« So gelobte es Prinzessin Mondengleiche Weisheit, und so geschah es auch. Da sie mit ihrem heilsamen Wirken zahllose Wesen zur Befreiung führte, erhielt sie den Namen »Tara«, die Befreierin.[37]

Als diese Geschichte entstand, aufgeschrieben und weitererzählt wurde, muß es Frauen und Männer gegeben haben, die der alten patriarchalen Tradition nicht mehr zu folgen vermochten und neue Wege wiesen. Die Tara-Legende kann Frauen Mut machen, sich frei in patriarchalen Traditionen zu bewegen und sie von innen her zu verändern. Die religiösen Legenden einer Kultur sind immer ein getreuer Spiegel ihrer kulturgeschichtlichen Entwicklung. Neben der geradezu feministisch zu nennenden Tara-Legende gibt es auch eine patriarchale Variante. Sie berichtet, wie sich die Grüne und die Weiße Tara aus den Tränen des Avalokiteshvara manifestierten, um klassisch weiblich der männlichen Gottheit der Liebe und des Mitgfühls bei ihren guten Werken für das Wohl der Wesen tatkräftig zur Seite zu stehen.

Buddha Tara

Am bekanntesten sind die Grüne und die Weiße Tara. Es gibt ferner auch gelbe, rote, blaue und schwarze Taras. Im Lobpreis an die 21 Taras werden sie als verschiedene Aspekte der Grünen Tara interpretiert. Jede Tara verkörpert bestimmte Fähigkeiten und Eigenschaften. So steht die Weiße Tara für Gesundheit und langes Leben, und sie ist die Schutzpatronin vieler heilkundiger Tibeterinnen und Tibeter. Sie inspiriert heute auch Menschen im Westen, die in heilenden Berufen arbeiten. Im folgenden möchte ich mich jedoch auf eine kurze Beschreibung der Grünen Tara beschränken.

Die Grüne Tara gilt als die Verkörperung des weisen Handelns aller Buddhas aller Zeiten und Räume. Sie wird verehrt als Verkörperung von tätigem Mitgefühl, als Beschützerin vor Gefahr, und sie hilft bei der schnellen Erfüllung aller Wünsche, weltlicher und geistlicher. Sie wird mit dem Element Luft in Verbindung gebracht, daher wird der Tara-Praxis ein schneller Erfolg in allen Bereichen zugeschrieben. Sie wird ferner dem Norden und der Nacht zugeordnet.

Tara und der Westen

Eine Übende von heute ließ sich durch die vielen Seiten von Tara und durch die Bedeutungsvielfalt ihres Namens zu einem poetischen Text inspirieren:

> »An den Sternen orientieren sich die Reisenden auf See. Sie zeigen unerschütterlich die Richtung an und führen sicher zum Ziel. Tara, die Befreierin aus Chaos und Orientierungslosigkeit. Tara, die Schützerin auf dem gefährlichen Übergang, auf dem Weg von hier nach dort. Tara, die Wegweiserin all derer, die im Meer von Samsara umherschwimmen. Im Tara Mandala des Tierkreises versammeln sich all ihre zahllosen Töchter und Söhne, und ihr Weg ist der Tara-Patha, der Weg der Sterne. Und wenn eine Sternschnuppe fällt, erfüllt sich ein Herzenswunsch. Ein Blick auf die funkelnde Sternenpracht befreit augenblicklich: Ein Gefühl von Weite, Offenheit und Glück stellt sich ein, eine Ahnung von Unendlichkeit, aber auch tröstlich: Nicht verloren im unendlichen Raum, sondern geborgen und verbunden mit allem.«[38]

Der deutsche Lama Govinda erzählt eine Geschichte aus Tibet über die Farbe Grün am Beispiel des männlichen Gefährten von Tara, Amoghasiddhi. Auf Tara bezogen lautet sie sinngemäß: »Wenn sich die Weisheit der Nacht, das Dunkelblau der Mitternacht, mit der Weisheit des Tages, dem Goldgelb des hellen Mittags, verbindet, entsteht die Grüne Tara.« Ich habe diese Geschichte von keinem tibetischen Lama gehört, doch ist sie so schön, daß man sie erfinden müßte, wenn es sie nicht gäbe.[39] Der

Farbe Grün wird in allen drei großen Religionen des Abendlandes eine besondere Heilkraft zugeschrieben: Die heilige Hildegard von Bingen schreibt über die Grünkraft; eine kabbalistische Überlieferung weiß, daß Grün die Farbe Gottes ist; Grün ist *die* Farbe des Islam, und in der Sufi-Tradition des Islam kennt man El Khidr, den Grünen, der Menschen hilft, die in Not geraten sind.[40]

Die Feministin Barbara Walker sieht Tara als indoeuropäische Form der Großen Göttin, deren Spuren von Nordfrankreich über Irland, Rom und Griechenland bis nach Indien reichen. Ja sogar bis nach Hollywood, denn wer kennt nicht das Landgut Tara in dem Film »Vom Winde verweht«? Der tibetische Lama Akong Rinpoche nennt seinen buddhistischen Therapieansatz »Tara Rokpa-Prozeß«, und bezieht sich damit zum einen auf die Grüne und Weiße Tara der tibetischen Tradition und zum anderen auf Taras heiligen Hain in der keltischen Tradition.[41] Auf kurdisch begrüßt man den ersten Schnee mit dem Satz: »die weiße Tara kommt«, und im Frühling freut man sich auf »die Grüne Tara«.[42]

Der Tiefenpsychologe Erich Neumann schließt seine Phänomenologie der weiblichen Gestaltungen des Unbewußten, »Die Große Mutter«, mit Abbildungen der Weißen und Grünen Tara und unterstreicht »die Bedeutung der Göttin-Figur, die als ›Weiße Tara‹ die höchste Form der Geistwandlung durch das Weibliche symbolisiert… Sie ist nicht nur die Kraft der Gottheit als das wirbelnde Rad des Lebens in seiner Geburt und Tod bringenden Ganzheit, sondern sie ist auch die Kraft der Mitte, welche in diesem Kreislauf zum Bewußtsein und Wissen, zur Wandlung und zur Erleuchtung drängt.«[43]

Buddhas, Bodhisattvas und ihre Eigenschaften

Alle Buddhas verkörpern Liebe, Kraft und Weisheit. Normale Sterbliche werden zu Buddhas, wenn sie die Dinge sehen, wie sie sind. Das ist Weisheit. Weisheit öffnet das Herz, so daß man alles und alle lieben kann. Das ist große, allumfassende Liebe. Weisheit und Liebe zusammen schenken die Kraft, aus allen Situationen das Beste zu machen. Mit Liebe und Weisheit kann man alle Wesen nach Kräften darin unterstützen, selbst Liebe, Kraft und Weisheit in sich zu entdecken. Das ist Hilfe zur Selbsthilfe auf höchster Ebene. Die buddhistische Tradition nennt es das Bodhisattva-Prinzip.

Bodhisattvas sind Wesen, die das Erwachen zum Wohle aller anstreben. Der Motor ihres Strebens ist Mitgefühl. Im Gegensatz zu Menschen mit einem Helfersyndrom üben sie sich darin, egozentrische Interessen zu transzendieren, ignorieren aber bei ihrer Arbeit zum Wohl aller Wesen ihre eigene Befindlichkeit nicht, sondern arbeiten mit ihren eigenen Stärken und Schwächen und denen der anderen. So werden sie Buddhas, erreichen damit ihre eigenen Ziele – Freiheit von Leid –, und gleichzeitig sind sie mit ihren vielfältigen Fähigkeiten auch allen anderen Wesen von Nutzen.

Es heißt, die Vielzahl der buddhistischen Wege, der Lehren und Methoden, mit denen die Bodhisattvas und Buddhas Menschen auf dem Weg zum Erwachen begleiten, sei Ausdruck von Mitgefühl. Weil die Menschen so verschieden sind, gibt es unterschiedliche Methoden, sie aus ihrer Unwissenheit aufzuwecken und sie auf dem Weg zu begleiten. Wie kommen die Buddhas nun zu ihren Eigenschaften und Qualitäten?

Mit Liebe, Kraft und Weisheit stehen Buddhas und Bodhisattvas, die Buddhas in spe, allen Wesen auf dem Weg zum Erwachen bei. Warum fühlen sich nun nicht alle Menschen von den gleichen Bodhisattvas und Buddha-Gestalten angezogen? An deren Liebe, Kraft und Weisheit kann es nicht liegen. Von ihrer Seite her sind Buddhas und Bodhisattvas offen für alle Wesen. Die Tradition sagt, daß die Menschen dieser Welt unterschiedliche Wege und unterschiedliche Buddhas brauchen, weil sie verschieden sind.

Jede Buddha-Gestalt hat also zusätzlich zu ihrer großen Liebe, Kraft und Weisheit bestimmte weitere Qualitäten. Diese haben mit dem besonderen, einzigartigen Weg zu tun, den jedes Wesen auf seinem Weg zum Erwachen geht. Man könnte sie als Ausdruck der Individualität der Buddhas bezeichnen. Buddhas haben zu bestimmten Menschen, zu bestimmten Wesen und Kulturen eine besondere karmische Beziehung, weil sie bis zum Erwachen einen ganz bestimmten Weg gegangen sind, sich in Zeit und Raum auf vielerlei Weise verkörpert haben.

Die Grüne Tara hat mit ihrem »feministischen« Gelübde – sich bis zum Erwachen immer als Frau zu inkarnieren – eine ganz besondere Beziehung zu Frauen. Vielleicht fällt es deshalb auch gerade heutigen Frauen aus dem Westen so leicht, eine Beziehung zur Göttin in Gestalt der Grünen Tara herzustellen.

Einführungen in die Praxis tantrischer Gottheiten werden traditionell nur im Rahmen mündlicher Unterweisung gegeben. Ich stelle hier eine kurze Übung vor, die in ähnlicher Form mit Zustimmung tibetischer Lehrer bereits an anderer Stelle veröffentlicht wurde. Ich will damit nicht zur Übung anregen, sondern veranschaulichen, was mit Praxis gemeint sein kann. Personen, die bereits eine persönliche Einführung in die Praxis erhalten haben, können diese Übungen gern ausführen.[44]

Übung: Die Grüne Tara

Aus dem Raum der Leerheit erscheint vor uns in Höhe der Stirn die grüne Lichtgestalt von Tara. Das linke Bein ist angezogen und ruht in der Haltung der Meditation, das rechte Bein ist leicht ausgestreckt. Es zeigt die Haltung tätigen Mitgefühls und weisen Handelns. Die linke Hand ist auf der Höhe des Herz-Zentrums und zeigt die Geste der Zuflucht und der Furchtlosigkeit, die rechte Hand liegt in der Geste des Gebens auf dem rechten Knie. Tara ist leuchtend grün und ganz aus Licht.

Wir können das Bild von Tara einige Momente auf uns wirken lassen und überlegen, welche Eigenschaften wir darüber hinaus mit einer Erwachten, einer freien Frau verbinden.

Wir sind umgeben von allen Lebewesen. Links befinden sich

unsere Mutter und alle weiblichen Lebewesen, rechts unser Vater und alle männlichen Lebewesen, alle in menschlicher Gestalt. Vor uns befinden sich all die Menschen, die uns irritieren und die wir nicht mögen und in unserem Rücken alle Menschen, die wir mögen.

Gemeinsam mit allen Wesen um uns herum nehmen wir Zuflucht zu Buddha Tara und allen Erwachten aller Zeiten, Räume und Kulturen im Außen und zu unserer Buddha-Natur im Herzen.

Wir nehmen Zuflucht zum Dharma, den Lehren und Übungen, die unsere innere Weisheit wecken und fördern.

Wir nehmen Zuflucht zur Sangha, den menschlichen Vorbildern aus Vergangenheit, Gegenwart und Zukunft. Sie inspirieren uns, den Weg zu gehen und stärken unser Vertrauen, daß wir das auch können.

Dann strahlt von Tara grünes Licht aus, durchströmt uns und alle Wesen und löst alle Schmerzen und Probleme auf der körperlichen, der emotionalen und der geistigen Ebene auf. Wieder strahlt Licht von Tara aus, durchströmt uns und alle Wesen und nährt alle guten Eigenschaften und Fähigkeiten, die wir brauchen, um den Weg zu gehen, Befreiung und Erleuchtung zu erlangen und allen Wesen auf dem Weg beistehen zu können. Während wir spüren, wie das Licht uns und alle Wesen durchströmt, rezitieren wir Taras Mantra:

OM TARE TUTTARE TURE SOHA

Zum Schluß kehren die Grüne Tara und alle Lebewesen, an die wir gedacht haben, zurück an den Ort der Wirklichkeit, von dem sie gekommen sind.

Wir beenden die Übung mit einem tiefen Wunsch: Mögen alle Wesen ihre innere Weisheit, Liebe und Kraft entdecken und zur Entfaltung bringen. Mögen wir allen Wesen auf diesem Weg beistehen. Mögen alle Wesen das höchste Glück der Befreiung und Erleuchtung erleben.

Die tibetische Tradition empfiehlt, sich zuerst mündlich in eine der tantrischen Übungen einführen zu lassen und sie dann über Wochen, Monate und Jahre mehr oder weniger täglich durchzuführen. So macht man sich mit den Eigenschaften der Gottheit vertraut, schult Konzentration und Einsicht, Mitgefühl und Liebe. Man stellt sich tagtäglich den eigenen Schwächen, Problemen und Schwierigkeiten und faßt den Mut, mit ihnen zu arbeiten. Und: man versteht die unglaubliche Macht, die – bildliche und begriffliche – Vorstellungen auf unsere Weltwahrnehmung haben, immer besser und tiefer.

Anhang

1 Anmerkungen

Vorwort

1 Vgl. die verschiedenen Konferenzen westlicher buddhistischer Lehrender, Western Buddhist Teachers Conferences (WBTC). International WBTC 1993, 1994, 1996, alle in Dharamsala, Indien, mit ausführlichen Gesprächen mit S. H., dem Dalai Lama. European WBTC 1994 in Frankreich und 1997 in Deutschland. Deutsche WBTC 1994 in Langenfeld und 1996 im Waldhaus am Laacher See. Da bei den bisherigen Konferenzen der persönliche Austausch Schwerpunkt war, gibt es nur interne Protokolle und einige wenige Berichte in Zeitschriften. Über die erste Internationale WBTC in Dharamsala 1993 wurde ein ausführlicher Video-Film erstellt: *In the Spirit of Free Inquiry*. Meridian Trust, London, 1993.

Teil Eins: Die Lehren

1 Vgl. Lama Yeshe, *Zur Psychologie von Sutra und Tantra*, Schriftenreihe des Aryatara Instituts München, Jägerndorf 1985. Adresse s. Anhang.

2 Zur Geschichte der buddhistischen Philosophie vgl. Zotz, *Geschichte*.

3 Die Bücher der folgenden Autoren sind alle über den Buchhandel zu beziehen: Mohandas Karamchand Gandhi, *Sarvodaya* (Wohlfahrt für alle), Hinder und Deelmann, Gladenbach 1975. Michael Blume, *Satyagraha*. Hinder und Deelmann, Gladenbach 1987. Christopher Titmus, *Green Buddha*. Insight Books, Totnes 1995. Bernard Glassman, *Anweisungen für den Koch*, Hoffmann und Campe 1997. Joanna Macy, *Mut in der Bedrohung, Psychologische Friedensarbeit im Atomzeitalter*, Kösel 1986. Raymond Corsini, *Handbuch der Psychotherapie*, 2 Bd., Beltz 1994. Vgl. die Einträge: Focussing, Meditation, Morita-Therapie, Naikan-Therapie. Christine Longaker, *Dem Tod begegnen und Hoffnung finden, Die emotionale Begleitung Sterbender*, Piper 1997. In Deutschland wurde bereits ein Verein gegründet, der sich um einen sozial engagierten Buddhismus bemüht: Netzwerk Engagierter Buddhisten, Mitwelt Verein Berlin, eine Mitgliedsgemeinschaft der Deutschen Buddhistischen Union.

4 Aus einem Gespräch der Autorin mit Lama Yeshe im September 1983 im Istituto Lama Tsonkhapa, Pomaia, Italien.

5 Was zieht Menschen im Westen am Buddhismus an, und wer befaßt sich heutzutage mit buddhistischer Meditation? Die amerikanische Buddhologin und Buddhistin Elisabeth Napper beschreibt 1997 drei Gruppen von Menschen im Westen, die sich dem Buddhismus zuwenden. Sie entsprechen in etwa den drei Wirkungsebenen von Meditation, die der amerikanische Kulturphilosoph Ken Wilber unterscheidet: die therapeutische, die existentielle und die soteriologische oder transzendente Ebene. (Zitiert nach Roger Walsh in: Corsini, *Handbuch*, S. 664.) Nappers Einschätzung stimmt mit meinen eigenen Erfahrungen in der buddhistischen Bewegung in Deutschland überein: Etwa ein Viertel der Menschen, die buddhistische Bücher lesen, Vorträge und Kurse besuchen, sind an einem religiösen Weg interessiert, ein Viertel sieht im Buddhismus eine neue Lebensphilosophie, und rund die Hälfte sucht einfach Lebenshilfe. Sie haben nichts gegen den Buddhismus, sind aber nicht am Buddhismus als religiösem oder philosophischem System interessiert. Zitiert nach E. Nappers Vortrag auf der Konferenz *Frauen im Buddhismus*, Universität Frankfurt, Februar 1997. Den Tagungsbericht erhalten Sie über: Thea Mohr, Universität Frankfurt, Institut für Wissenschaftliche Irenik.

Bislang richten buddhistische Zentren – in Deutschland und wohl überall im Westen – ihre Programme vor allem an den Menschen aus, die eine neue Religion suchen. Auch ein Großteil des buddhistischen Angebots auf dem Buchmarkt richtet sich bislang vor allem an religiös interessierte Buddhisten. Es ist allerdings auch einfacher, sich formell mit den klassischen Lehren zu befassen. Sie kulturneutral oder kulturspezifisch als Lebenshilfe aufzubereiten, braucht viel Erfahrung und Einsicht.

Einige Lehrer aus dem Osten suchen nach neuen Wegen in der Vermittlung der Lehren. Der tibetische Lama Chögyam Trungpa gründete schon in den siebziger Jahren eine buddhistische Universität in den USA, das Naropa Institut in Boulder, Colorado. Es gibt dort B. A.- und M. A.-Programme in Meditation und buddhistischer Philosophie, in kontemplativer Psychologie, asiatischen Kampfkünsten, Ikebana usw. Vgl. auch die Bücher von Chögyam Trungpa und seiner Schülerin Pema Chödrön im Anhang.

In Zusammenarbeit mit westlichen Schülerinnen und Schülern, die psychotherapeutisch arbeiten, hat sich der tibetische Lama Akong Rinpoche Mitte der achtziger Jahre der Frage einer kulturneutralen Vermittlung der buddhistischen Lehren zugewandt. Der so entstandene Tara-Rokpa-Prozeß basiert auf den zentralen Lehren und Übungen des Buddhismus –

Achtsamkeit, Liebe, Mitgefühl und Einsicht – und vermittelt sie in einem säkularen Rahmen. Er bezieht auch Methoden aus der westlichen Psychotherapie mit ein: Biographiearbeit, freies Malen und Zeichnen, kreatives Gestalten, Rollenspiele usw. Informationen zum Tara-Rokpa-Prozeß erhalten Sie über Tara Rokpa Deutschland, Markgrafenstr.5, 10969 Berlin.

6 Nyanatiloka definiert: Achtsamkeit ist Eingedenksein, Besinnung, Sich-ins-Gedächtnis-Zurückrufen, Erinnerung. Vgl. *Wörterbuch*, S. 203.

7 Zwei Standardwerke führen in die Übung der Achtsamkeit ein: Der Klassiker ist Nyanaponika, *Geistestraining durch Achtsamkeit*. Christiani, Konstanz 1976. Einen Kommentar zum Satipatthana-Sutra finden Sie bei Thich Nhat Hanh, *Das Sutra des bewußten Atmens*. Theseus, Berlin 1989.

8 Zitiert nach Nyanatiloka, ebd. Es scheint mir angemessen, die traditionelle Formulierung »ihr Mönche« für dieses Buch zu aktualisieren und durch »ihr Frauen« zu ersetzen.

9 Vgl. Ayya Khema, *Vier Ebenen des Glücks*. Jhana, Uttenbühl 1997.

10 Eine Handlung gilt als vollständig, wenn wir (a) bewußt, d.h mit einem klaren *Motiv* handeln, (b) das *Objekt* klar erkennen, (c) die Handlung *durchführen* und (d) ihre *Vollendung* bejahen. Unvollständige Handlungen ziehen nicht alle vier Folgen nach sich, verstärken aber die entsprechenden Neigungen und Erfahrungen.

11 Vgl. Dalai Lama, *Gesang*, S. 144 ff. Eine psychologische Interpretation der Sechs Bereiche finden Sie in: Trungpa, *Insel*.

12 Diesen Spruch klebte mir meine langjährige Dharma-Schwester Maria Isfort im Sommer 1988 auf den Computer, als ich mich wieder einmal beklagte, daß ich so viel am Computer sitzen müsse.

13 So der Titel einer kleinen Schrift: Ayya Khema, *Die Umwelt als Spiegel*. Jhana 1996.

14 Thich Nhat Hanh, *Fünf Pfeiler der Weisheit*. Barth 1995.

15 Der Begriff »zorniges« Mitgefühl führt leicht zu Mißverständnissen. Die Tradition unterscheidet deutlich zwischen normaler Wut und »zornigem« oder »kraftvollem« Verhalten. Hinter normaler Wut steht Angst, Ohnmacht und Abneigung, und der Frieden des Geistes ist zerstört. Die Quelle von »zornigem« Mitgefühl ist Mitgefühl und die Einsicht, daß sanfte Mittel nicht helfen. Der Begriff »kraftvolles« Mitgefühl scheint daher geeigneter.

16 Eine scharfe Analyse unterschiedlicher mystischer Erfahrungen als Spiegel unterschiedlicher Kulturstufen bietet Neumann, *Kulturentwicklung*. In seinem Hauptwerk *Ursprung und Gegenwart* beschreibt der Kulturphilosoph Jean Gebser religiöse Phänomene als Spiegel der menschlichen Bewußtseinsentwicklung. So entsprechen der Psyche des magischen Men-

schen Ritual und Magie, der des mythischen Menschen viele Götter und der Psyche des »modernen« mentalen Menschen der Monotheismus. Der »integrale« Mensch der Zukunft intuiert Gottheiten als bewußte Spiegel seiner Möglichkeiten. Gebser hat sich zwar nicht mit dem tantrischen Buddhismus befaßt, doch läßt sich dieser durchaus mit seinen Kategorien interpretieren. Jean Gebser, *Asien lächelt anders*, Werke Bd. 6. *Abendländische Wandlungen*, Werke Bd. 1 (zwei kleinere Texte). *Ursprung und Gegenwart*, Werke Bd. 2 und 3. in: Jean Gebser *Gesamtausgabe*, Novalis 1977. Das Denken Gebsers (1905–1976) wurde einem breiteren Publikum v. a. durch Ken Wilber bekannt, der sich in allen seinen Werken auf die Kulturpsychologie Gebsers stützt.

17 Neumann, *Tiefenpsychologie*, S. 90. Neumann spricht in allen seinen Beiträgen über den allgemeinen (männlichen) Menschen. Selbst in seinem Beitrag *Zur Psychologie des Weiblichen*, Kindler, München 1997, geht es nicht um die Frauen, sondern um das Weiblichkeitsbild der Patriarchatskultur. Dieses Bild ist allerdings sehr präzise beschrieben. Wenn man berücksichtigt, daß er eine Psychologie des Mannes formuliert, sind seine Thesen brauchbar. Zur Kritik an E. Neumann und C. G. Jung vgl. Gerda Weiler. S. Literaturempfehlungen.

18 Vgl. Kapitel 2 in Teil 1.

19 Vgl. Martin Kalff, »C. G. Jungs Begegnung mit dem Osten« in: *Tibet und Buddhismus* 4/98, Programmzeitschrift des Tibetischen Zentrums Hamburg.

20 Skt. Daseinskreislauf, der Kreislauf sich ständig wiederholender Probleme und Schwierigkeiten.

21 DIE ZEIT, ca. 1992.

22 Vgl. Kapitel 4 in Teil 1.

23 Lamrim, tib., Stufenweg, von *lam* = Weg und *rim* = Stufe. Alle tibetischen Schulen bieten spezielle Texte zum Stufenweg an. Vgl. Dalai Lama, *Gesang*. Ein bekannter traditioneller Text ist: Gampopa, *Der Kostbare Schmuck der Befreiung*, Theseus, Berlin 1996.

24 Nach einer mündlichen Unterweisung im Lama Tsonkhapa-Institut in Pomaia, Italien, im September 1983.

25 Die Sechs Bodhisattva-Handlungen, Skt. paramita, *param*, bildlich: ans andere Ufer; von *ita* = gegangen, *para* = anders, jenseitig; das andere Ufer der Erleuchtung; übertragen das Handeln, das ans andere Ufer bringt. Die vollendete Weisheit wird im Mahayana weiblich dargestellt: Prajnaparamita. Ihr Name bedeutet wörtlich ›Vollkommenheit der Erkenntnis‹ oder ›die Weisheit, die hinüber gegangen ist‹ (ans Ufer der Erleuchtung).

26 Vgl. Heinrich Zimmer, *Philosophie und Religion Indiens*, Suhrkamp,

Frankfurt 1973. Lama Yeshe, *Wege zur Glückseligkeit*, Einführung in Tantra, Diamant, München 1988. Shaw, *Erleuchtung*. Peter Gäng, *Das Tantra der Verborgenen Vereinigung*. Diederichs 1988.

Teil Zwei: Den Weg gehen

1 Skt. *apramana*, auch Skt. *brahmavihara*, göttliche Verweilungen, genannt. Für diese Übungen wird der Sanskrit- und Pali-Terminus *bhavana*, wörtlich Werden, übertragen Gemütszustand, verwendet.

2 Vgl. den instruktiven Beitrag »Was ist Meditation?« von Thomas Lautwein in der buddhistischen Zeitschrift *Chökor* Nr. 22. Zu beziehen über: Chödzong Buddhistisches Zentrum, Hauptstr. 19, 91474 Langenfeld.

3 So Paul Debes, der Gründer und Leiter des Buddhistischen Seminars, Begründer und wichtigster Autor der Zeitschrift *Wissen und Wandel*. Sie ist zu beziehen über: Buddhistisches Seminar Bindlach, Katzeneichen 6, D-95463 Bindlach.

4 Vgl. einige Meister in: Jack Kornfield, *Living Dharma, Teachings of Twelve Buddhist Masters*. Shambala, Boston 1996 (auch in deutsch erhältlich). Das Buch ist gleichzeitig ein spannender Bericht über zwölf sehr unterschiedliche Lehrer und Lehrerinnen der Theravada-Tradition.

5 Vgl. Ayya Khema, *Vier Ebenen des Glücks*, Jhana, Uttenbühl 1997 u. a. Bücher von Ayya Khema.

6 Nach mündlichen Unterweisungen von Dr. Alexander Berzin, Kurs in Jägerndorf 1986. Vgl. die 95. Lehrrede der Mittleren Sammlung in der Übersetzung von K. E. Neumann, neu herausgegeben vom Verlag Beyerlein & Steinschulte 1996. Alle tibetischen Traditionen strukturieren ihre Anweisungen zur Meditation nach diesem dreistufigen Modell.

7 Nach mündlichen Unterweisungen von Dr. Alexander Berzin, Jägerndorf 1983.

8 Ebd.

9 Vgl. Ayya Khema, *Ohne mich ist das Leben ganz einfach*, Aurum, Braunschweig 1994, S. 202 ff.

Teil Drei: Frauen und Buddhismus

1 Vgl. Wolfgang Schmidbauer, *Die hilflosen Helfer*. Rowohlt Reinbek 1977. Ders., *Helfen als Beruf*. Rowohlt Reinbek 1983.

2 Skt. Höhere Lehren, Pali *abhidhamma*. Die Abhidharma-Schriften sind eine systematische Zusammenfassung der Lehrreden des Buddha, die von

späteren Kommentatoren verfaßt wurden. Sie umfassen zahlreiche Listen und Definitionen. Ein moderner Interpret, Myrko Fryba, nennt sie aus diesem Grund die Lehrerhandbücher des Buddhismus. Vgl. Myrko Fryba, *Abhidhamma im Überblick. Texte der hohen Lehre des Buddha.* Forschungsberichte 2 der Reihe Buddhistischer Modernismus, Universität Konstanz 1990.

3 Tarab Tulku, Abhidharma, Kurs in Jägerndorf November 1988. Deutsches Kurstranskript S. 65 ff.

4 Irigaray, *Genealogie*, S. 291, S. 316/17.

5 Für eine fruchtbare Beziehung zwischen Lehrenden und Lernenden braucht es viele Bedingungen. Vertrauen in die Qualitäten einer Person kann eigene Qualitäten spiegeln, aber auch Ausdruck naiven Wunschdenkens sein. Gesunder Menschenverstand hilft uns, zwischen wirksamer geistiger Betreuung und menschlichen Schwächen zu unterscheiden. Insbesondere für Frauen ist es wichtig, auch die dunklen Kapitel der Lehrer-Schülerin-Beziehung zu kennen. Vgl. das entsprechende Kapitel in: Sandy Boucher, *Turning the Wheel, American Women Creating the New Buddhism.* Harper and Row, San Francisco 1988.

6 Das Theravada unterscheidet Arhats und Buddhas. Beide haben die gleiche tiefe Einsicht in die drei Daseinsmerkmale – Leiden, Unbeständigkeit, Substanzlosigkeit. Buddhas sind darüber hinaus aber fähig, als Lehrer des Zeitalters zu wirken. Dem Pali-Kanon zufolge können Frauen Arhats werden, aber nicht Lehr-Buddhas. Diese Stellung ist allein Männern vorbehalten. Diese Einschätzung teilen auch die tibetischen Traditionen. Ein buddhistischer Kollege meinte Anfang der neunziger Jahre in einem Gespräch über die Frage, warum das wohl so sei, es sei vielleicht der Ausgleich dafür, daß Frauen Kinder bekommen können. Vielleicht ist die Vorstellung einer rein männlichen Linie von Lehr-Buddhas die psychologische Kompensation für den Gebärneid der Männer?

Arhat, Skt., weiblich Arhanti, Pali Arahat; wörtlich »Feindbezwinger«, ein Mensch, Frau oder Mann, der alle zehn Fesseln überwunden und damit Befreiung erlangt hat. Zu den Zehn Fesseln gehören die klassischen fünf Hindernisse sowie fünf weitere Blockaden auf dem Weg in die Freiheit: 1. Persönlichkeitsglauben, 2. Zweifelsucht, 3. Hängen an Regeln und Riten, 4. Sinnliches Begehren, 5. Übelwollen, 6. Begehren nach feinkörperlichem Dasein, 7. Begehren nach Unkörperlichem Dasein, 8. Dünkel, 9. Aufgeregtheit, 10. Unwissenheit. Vgl. Nyanatiloka, *Wörterbuch*, S. 34.

7 Lotosgöttin, Skt. *Mani Padma.* June Campbell stellt die These auf, der Buddha des Mitgefühls, Skt. *Avalokiteshvara*, tib. *Chenrezig*, sei die spätere männliche Variante der uralten Lotosgöttin Mani Padma, und das

Mantra OM MANI PADME HUM ein Lobgesang auf sie. Die weibliche Buddha-Gestalt Kuan Yin (chin., jap. Kannon) sei keine spätere weibliche Verkörperung des indischen Avalokiteshvara, sondern bereits um die Zeitenwende als Lotosgöttin nach China gelangt. Diese These wird von der allgemeinen Buddhismus-Forschung nicht anerkannt, bildet aber ein interessantes Gegengewicht zur These von der »wesenhaften« Männlichkeit des Avalokiteshvara. Vgl. Campbell, *Göttinnen*, S. 97 ff.

Einige westliche Buddhologen sind der Ansicht, Avalokiteshvara sei seinem Wesen nach männlich und habe sich ab dem 11. Jahrhundert aus Mitgefühl in China in weiblicher Form als Kuan gezeigt. So z.B. Schumann: »Kuan Yin (jap. Kannon) (ist) die ostasiatische Form des Avalokiteshvara. Er ist seinem Wesen nach männlich, kann aber wie alle transzendenten Bodhisattvas zum Zweck der Heilshilfe auch weibliche Gestalt annehmen. Die Kunst Ostasiens stellt ihn deshalb oft als Madonna dar.« Vgl. Hans Wolfgang Schumann, *Buddhismus. Stifter, Schulen, Systeme.* Walter Verlag 1976, 1991, S. 211. Vgl. auch: *Lexikon der Östlichen Weisheitslehren*, Barth 1986, S. 200.

Die (partielle) Weiblichwerdung von Kuan Yin in China vollzog sich ab dem 11. Jahrhundert mit der Legende von der Prinzessin Miao Shan, die zu einer Inkarnation von Kuan Yin erklärt wurde. Vgl. Maria Dorothea Reis-Habito, *Die Dharani des Großen Erbarmens des Bodhisattva mit tausend Händen und Augen. Übersetzung und Untersuchung ihrer textlichen Grundlage sowie Erforschung ihres Kultes in China.* Sankt Augustin: Institut Monumenta Serica und Nettetal. Steyler Verlag, 1993, S. 289–309. Auch der Verfasser der maßgeblichen Arbeit zur weiblichen Kuan Yin, Rolf A. Stein, datiert diese Veränderung ins 11. Jahrhundert in: *Avalokiteshvara/Kuan Yin, un exemple de transformation d'un dieu en déesse.* Cahiers d'Extrème Asie 2, 1986, S.17–78. Die letzten beiden Hinweise auf den Geschlechtswandel von Kuan Yin verdanke ich Dr. Adelheid Herrmann-Pfandt, Brief vom 21. 6. 1998.

8 So faßt es die amerikanische Buddhistin und Feministin Rita M. Gross auf. Vgl. »Buddha-Dharma has no Gender« in: *Vajradhatu Sun*, August-September 1988, S. 11, 14, 15, 28. Vgl auch: *Buddhism After Patriarchy*, State University of New York Press 1993.

9 So beginnt Sosans berühmtes Zen-Gedicht »Shin Jin Mei«. Dt. Übersetzung: Seng-tsan, *Die Meisselschrift vom Glauben an den Geist.* Übers. Ursula Jarand. Barth 1991. Die hier zitierte Fassung ist eine eigene Übersetzung der Autorin.

10 Lama, tib., wörtlich »erhabene Mutter«, die tibetische Übersetzung des Sanskrit-Begriffs *Guru*, also Lehrerin oder Lehrer. Die tibetische Tradition

geht davon aus, daß eine Person dann zur Lama wird, wenn Menschen von ihr lernen. Institutionen können lediglich akademische Qualifikationen bestätigen, aber keine Lamas ausbilden. Es sind die Schülerinnen, die eine Person zur Lehrerin werden lassen. So äußerte sich der Dalai Lama auf der Ersten Konferenz Westlicher Lehrerinnen und Lehrer im März 1993 (WBTC 1993) in Dharamasala.

11 Daka (männlich) und Dakini (weiblich) Skt., tib. Khandro und Khandroma, von tib. *kha* Himmel oder Raum und tib. *dro* gehen; wörtlich »eine, die im Himmel (der Leerheit) geht« (engl. skywalker, skydancer, traveller in space; dt. auch Himmelsfee). Ein anderes tibetisches Begriffspaar für Daka und Dakini ist Pawo und Pamo, wörtlich »die, die tapfer ist«, auch mit Held und Heldin übersetzt. Auf einer Ebene sind das Symbole für das glückselige Bewußtsein, das Leerheit erkennt. Dakas und Dakinis werden unterschiedlich dargestellt, da sie *alle* Erfahrungen des Weiblichen und Männlichen auf *allen* Ebenen spiegeln. Sie erscheinen auch in menschlicher Gestalt.

Ein traditionelles Bild ist der männliche Lama mit seiner weiblichen Dakini. Viele Lamas nennen ihre Schülerinnen im Scherz Dakinis, und es gibt nicht wenige männliche Lamas, Tibeter und westliche Männer, die ihre offenen oder geheimen sexuellen Beziehungen zu Schülerinnen mit dem Hinweis auf das Dakini-Prinzip rechtfertigen. Zum Dakini-Prinzip vgl. Herrmann-Pfandt, *Dakinis.*

Forscherinnen wie Miranda Shaw sind der Ansicht, daß tantrische Beziehungen zumindest potentiell eine Gleichwertigkeit von Frauen und Männern ermöglichen. Vgl. Shaw, *Erleuchtung.* Andere stellen das in Frage. Sie interpretieren die Einbeziehung von Sexualität bei tantrischen Ritualen nicht als Anerkennung von Sexualität als solcher, sondern als ihre Instrumentalisierung für einen bestimmten meditativen Prozeß. Dem entspricht dann die Funktionalisierung von Frauen für eben diesen Prozeß. So sieht das beispielsweise Jochen Kirchhoff in seinem Beitrag in: Helmut Uhlig, *Tantrismus*, Lübbe 1998, das Kirchhoff posthum herausgab.

12 Acht günstige Eigenschaften für den geistigen Weg: langes Leben, Schönheit, gute Herkunft, Reichtum, vertrauenswürdige Rede, Macht und Ruhm, ein männlicher Körper, mit starkem Geist und Körper. Vgl. Pabongka, S. 460. Einige tibetische Lehrer interpretieren den siebten Punkt inzwischen geschlechtsneutral als »Selbstvertrauen und Mut öffentlich aufzutreten«. So formulierte es Geshe Ngawang Dhargyey bereits Ende der siebziger Jahre in Dharamsala.

13 Eine der acht zusätzlichen Nonnenregeln lautet: »Wenn eine Bhikshuni, sei sie auch hundert Jahre ordiniert, einen neuordinierten Bhikshu trifft,

soll sie sich erheben, sich vor ihm verbeugen und ihm huldigen.« Vgl. *Sakyadhita*, S. 311, Anm. 63 (Anm. 2, S. 223 in der engl. Fassung).

In tibetischen Nonnen-Klöstern im indischen Exil und im Westen gibt es eine für westliche Frauen seltsame Regelung, daß Frauenklöster einen männlichen Abt haben, der manchmal zusammen mit seinem Mönchsdiener auf dem Gelände der Nonnen wohnt. Ein Kloster leiten kann nur eine Person, die vollordiniert ist. Da es bislang kaum tibetische Nonnen mit voller Ordination gibt, hat ein Mönch dieses Amt inne. Bei unserem Besuch in einem Gelug-Kloster in Dharamsala im Oktober 1997 hatten die Nonnen ganz offensichtlich kein Problem damit. Sie freuten sich, daß sie einen qualifizierten Lehrer vor Ort hatten, der sie unterweist.

14 *Vinaya*, die Sammlung der Unterweisungen des Buddha zum Thema Ethik. Zu Traditionslinien und Literatur vgl. *Sakyadhita*, Kapitel 4 und Anm. 70, S. 312.

15 Einige Forscher und Forscherinnen gehen davon aus, daß es einst vollordinierte Nonnen (Skt. bhikshuni) in Tibet gab, die Linie aber erloschen sei. Andere sind der Ansicht, es habe in Tibet immer nur Novizinnen (Skt. *sramanerika*) gegeben, denn diese können von Mönchen (Skt. *bhikshu*) allein ordiniert werden. Für die volle Ordination von Frauen braucht es aber Mönche *und* Nonnen. Da nach Ansicht einiger Forscher nie zehn vollordinierte Nonnen den beschwerlichen Weg von Indien nach Tibet geschafft haben, habe es dort auch nie Bhikshunis gegeben.

16 Vgl. *Sakyadhita*. 1991 fand im chinesischen Kloster der Tausend Buddhas südlich von Los Angeles eine große Ordinations-Zeremonie für Frauen statt, an der viele westliche Nonnen aus unterschiedlichen Traditionen teilnahmen, unter anderem auch die deutschstämmige Theravada-Nonne Ayya Khema.

17 Vgl. Allione, *Weise Frauen*. Shaw, *Erleuchtung* beschreibt den Beitrag der Frauen bei der Herausbildung der tantrischen Traditionen des Buddhismus in Indien. Ihr sehr optimistischer Forschungsbericht endet allerdings mit dem 12. Jahrhundert. Bis zu der Zeit war es den Männern wohl gelungen, auch in den tantrischen Traditionen des Buddhismus die Frauen auf die Rolle von nützlichen Assistentinnen zu reduzieren, die den Männern helfen, bei bestimmten Übungen Energien zu wecken, sich aber ansonsten im Hintergrund zu halten.

18 Mit diesen vier Bedingungen kann man alle Phänomene analysieren und ihr abhängiges Entstehen nachvollziehen. Mit der Zeit erkennt man, daß tatsächlich alles – Menschen, Dinge, Situationen, Gedanken, Gefühle, Sozialstrukturen usw. – bedingt entsteht, für eine Weile besteht und wieder vergeht, wenn die Bedingungen nicht mehr gegeben sind. Sehr erhellend

ist eine gründliche Analyse so zentraler Konzepte wie Familie, Beziehung, Arbeit usw. Entdeckt man ihre Relativität, leidet man nicht mehr so sehr darunter, wenn man der Forderung bestimmter Kreise, so und so zu leben, nicht Folge leisten kann oder mag. Vgl. Geshe Rabten, *Essenz der Weisheit*, Dharma Edition 1990, S. 37. Ders., *Wurzel der Weisheit*. Edition Rabten, Zürich 1991, S. 90 ff. Dalai Lama, *Yoga des Geistes*. Dharma Edition, Hamburg 1989, S. 49 ff.

19 First Western Buddhist Teachers Conference, Dharamsala, Indien, März 1993. Vgl. Anm. 1, Vorwort.

20 Herr Pham auf der Podiumsdiskussion »Buddhismus und Demokratie« mit in Berlin lebenden Buddhisten aus Asien und Deutschland am 13. 11. 1997, im Rahmen der Tagung »Dialog zwischen den Kulturen«, die vom 12. bis 14. 11. 1997 in Berlin unter Schirmherrschaft von Bundespräsident Roman Herzog stattfand.

21 Vgl. Irigaray, *Genealogie*, S. 291, S. 316/17.

Teil Vier: Frauen und Freiheit

1 Nyanatiloka, *Wörterbuch*, S. 135.

2 Im Februar 1987 fand in Bodhgaya, Indien, die erste Konferenz über Frauen und Buddhismus statt. Dort wurde *Sakyadhita* (Töchter des Buddha) gegründet, eine Vereinigung buddhistischer Frauen aus Ost und West. Sie veranstaltet seither alle zwei Jahre eine internationale Konferenz; die letzte über den Jahreswechsel 1997/98 in Kambodscha. Vgl. den Bericht über die erste Konferenz 1987 in: *Sakyadhita*.

3 Bekannt in Deutschland sind v. a. Ayya Khema, Ruth Dennison und Toni Packer. Vgl. Leseempfehlungen. Einen guten Überblick über innovative Lehrerinnen in den USA gibt Sandy Boucher, *Turning the Wheel* (Vgl. Anm. 25) und Leonore Friedmann, *Meetings with Remarkable Women, Buddhist Teachers in America*. Shambala, Boston–London 1987. Beide Standardwerke sind nicht auf deutsch erhältlich.

4 Lama Yeshe schlug schon Ende der siebziger Jahre vor, Seminare zum Thema »Die innere Frauenbefreiung« (Women's inner liberation) zu veranstalten.

5 Zum Begriff »Differenz« vgl. Irigaray, *Genealogie*, S. 232, S. 237, S. 263 und *Weibliche Freiheit*, S. 143.

6 Vgl. den zweiten Schöpfungsbericht in Genesis 2,18–23 zur Geschichte der Erschaffung Evas aus der Rippe des Adam. Der erste Schöpfungsbericht in Genesis 1,27 beschreibt die gleichzeitige Erschaffung von Mann

und Frau. Zitiert nach: Pinchas Lapide, *War Eva an allem schuld?* Grünewald, Mainz 1990, S. 13 und S. 65/66.

7 Rilke, *Briefe an einen jungen Dichter*, Insel-Bücherei Nr. 406, S. 21.

8 Muraro, *Genealogie*, S. 29.

9 Das Grüne Sotto Sopra 1983 in: Gisela Jürgens und Angelika Dickmann, *Frauen lehren*, Ch. Göttert Verlag, Rüsselsheim 1995. Vgl. auch *Weibliche Freiheit*, S. 144.

10 Vgl. Simone de Beauvoir, *Das Andere Geschlecht*, und Irigaray, *Genealogie*.

11 *Weibliche Freiheit*, S. 151 ff. Muraro, *Genealogie*, S. 22.

12 Muraro, *Genealogie*, S. 11.

13 Affidamento, ital., wörtlich Vormundschaft; ein Begriff aus der Rechtssprache mit der schönen Bedeutung von »sich anvertrauen«. Vgl. *Weibliche Freiheit*, S. 180 ff.

14 Vgl. Allione, *Weise Frauen* und Shaw, *Erleuchtung.*

15 Irigaray, *Genealogie*, S. 102

16 Diese Fassung ist eine freie Übertragung von Geshe Rabten, *Essenz der Weisheit*, Dharma Edition Hamburg 1990. S. 36. Wörtlich heißt es da: »Wenn das, was wir erfassen, existiert, ist der Geist, der es erfaßt, eine gültige Erkenntnis.« (Im engl. Original *Echoes of Voidness*, Wisdom, London and Boston 1983., S. 32. Die englische Fassung enthält zusätzlich eine ausgezeichnete Einführung ins Thema von Stephen Batchelor.)

17 Vgl. Jeffrey Hopkins, *Meditation on Emptiness*, Wisdom, London and Boston 1986, S. 168 ff.

18 Buddha, Skt. Erwachter von Skt. *budh*, erwachen; tib. *sang gyä*, ein Wesen, das alle Probleme überwunden oder geklärt (*sang*) und alle Fähigkeiten entfaltet (*gyä*) hat.

19 Wir fühlen uns subjektiv entlastet, wenn wir erkennen, daß wir in einer Phase der kulturellen Umbrüche leben. Reduziert man Beziehungsprobleme auf biographische Erlebnisse und persönliche Unfähigkeiten, verliert man leicht den Mut, Neues zu wagen und auf unkonventionellen Wegen das Beste aus schwierigen Umständen zu machen. Schon 1930 sah C. G. Jung die tiefere Ursache für die zunehmenden Scheidungen im Wunsch der Frauen nach einer anderen, tieferen Beziehung zum Mann. Vgl. C. G. Jung, *Die Frau in Europa*, in: Werke Bd. 10, Walter, Olten 1981, S. 135 ff. Vgl. auch Neumann, *Tiefenpsychologie* und Wetzel, *Hoch wie der Himmel.*

20 Seit einigen Jahren spreche ich in Vorträgen und Seminaren die in diesem Kapitel beschriebenen vier Bedingungen für freie Frauen an: horizontale und vertikale Beziehungen zu Frauen, ein weibliches Göttliches

und Einsicht in gültige Konzepte. Einige Männer hatten mir nach Vorträgen berichtet, auch sie brauchten in ähnlicher Weise Beziehungen zum gleichen Geschlecht, um eine Identität als Mann zu entwickeln und zu stabilisieren. Im Februar 1998 entwickelten wir – drei Frauen und ein Mann – im Anschluß an einen Vortrag in Hamburg zum Thema »Frauen, Männer, Freiheit« die These von den zusätzlichen drei Beziehungen für beide Geschlechter: horizontale und vertikale Beziehungen zum *anderen* Geschlecht und die Beziehung zu einem *gegengeschlechtlichen* Göttlichen. Somit sind wir bei der heiligen Zahl Sieben angelangt, bei sieben Bedingungen für freie Frauen und Männer: Einsicht in die Relativität von Konzepten, drei Ebenen von Beziehungen zum eigenen Geschlecht und drei Ebenen von Beziehungen zum anderen Geschlecht.

21 Zu dieser Übung und ihrem Titel inspirierten mich die Erklärungen zum Phänomen Neid unter Frauen in: *Weibliche Freiheit*, S. 132.

22 Vgl. Muraro, *Symbolische Mutter*.

23 Diese These stellt Barbara Walker auf. Vgl. Walker, *Wissen*, Stichwort Abtreibung, S. 7.

24 Zu den frauenfreundlichen Sitten in Juchitan vgl. Veronika Bennholdt-Thomsen, *Juchitan, Stadt der Frauen*. Rowohlt Aktuell 13396, 1994. Brigitte Holzer, *Subsistenzorientierung als »widerständige« Anpassung an die Moderne in Juchitan*, Oaxaca, Mexiko. Peter Lang, Bielefeld 1996.

25 Zur Dankbarkeit gegenüber der Mutter vgl. Muraro, *Symbolische Mutter*, S. 21, insbesondere das Kapitel »Die Mutter lieben können als Sinn des Seins« S. 24–45 und *Weibliche Freiheit*, S. 155. Die tibetische Gelug-Tradition lehrt in der Elf-Runden-Bodhicitta-Übung die Wertschätzung aller Lebewesen, »die alle einst unsere Mütter waren«. Vgl. dazu auch die klassischen Anweisungen zur Entwicklung von Bodhicitta und den Austausch mit anderen, beispielsweise in: Dalai Lama, *Der Schlüssel zum mittleren Weg*, Dharma Edition Hamburg 1991, S. 51–106.

26 Muraro, *Genealogie*, S. 64 ff.

27 Ebd., S. 21–22.

28 Diese Übung enstand in Gesprächen mit der Frankfurter Philosophin Gisela Jürgens. In den Jahren 1988–92 hielten wir einige gemeinsame Seminare zum Thema Geschlechterdifferenz an der Frankfurter Frauenschule ab. Einige Texte der italienischen Frauenbewegung sind enthalten in: Gisela Jürgens, Angelika Dickmann, *Frauen lehren*, Ch. Göttert, Rüsselsheim 1995.

29 Vgl. Walker, S. 160.

30 Irigaray: Göttliche Frauen, in: *Genealogie*, S. 103–105.

31 Anselm Feuerbach, zitiert nach Irigaray, *Genealogie*, S. 115–116.

32 Zu den sechs Daseinsbereichen vgl. Trungpa, *Insel*.

33 So argumentierte ein von mir sehr geschätzter buddhistischer Kollege in einem Gespräch 1992.

34 Vgl. Die Geschichte der Lotosgöttin in: Campbell, *Göttinnen*, und verschiedene Einträge in: Walker, *Wissen*. Carola Meier-Seethaler beschreibt mit vielen, teilweise grotesken Beispielen die patriarchale Neuinterpretation alter Mythen, aber auch ihre Überreste im Alltag in: *Von der göttlichen Löwin zum Wahrzeichen männlicher Macht. Ursprung und Wandel großer Symbole*. Kreuz 1993. Dies., *Ursprünge und Befreiungen. Eine dissidente Kulturtheorie*. Arche 1988. Vgl. auch Gerda Weiler, *Der enteignete Mythos. Eine feministische Revision der Archetypenlehre C. G. Jungs und Erich Neumanns*. Ulrike Helmer Verlag, Königstein 1996. Riane Eisler, *Kelch und Schwert*, Goldmann, München 1993. (The Chalice and the Blade).

35 Heide Göttner-Abendroth, *Das Matriarchat*, Bd. 1, Geschichte seiner Erforschung. Kohlhammer, München 1988. Robert Ranke Graves, *Die Weiße Göttin*, Berlin 1981. Marie König u. a., *Weib und Macht*. Frankfurt 1980. Helmut Uhlig, *Die Mutter Europas, Ursprünge abendländischer Kultur in Alt-Anatolien*, Lübbe, Bergisch-Gladbach 1991. Vgl. Anm. 34.

36 Willson, *Tara*, Einführung.

37 Der Name Tara geht auf das Sanskrit-Verb *tri* zurück und bedeutet wörtlich »schwimmen«. Die Assoziationskette ist: »schwimmen, hinüberschwimmen, ans andere Ufer schwimmen, Befreiung erreichen.« Da sie selbst ans andere Ufer des Erwachens gelangt ist, kann Tara auch andere Wesen auf diesem Weg begleiten. Deshalb heißt sie Tara, die Befreierin, die Retterin. Manche Übersetzer nennen sie auch »Erlöserin«. Eine Nebenbedeutung ist Stern. Den ersten Hinweis auf die Bedeutung von Skt. *tri*, »schwimmen«, erhielt ich von dem indischen Mönch Ramesh Acharya aus Sarnath, mit dem ich im Oktober 1997 in einem tibetischen Café in Bodhgaya ein wunderbares Gespräch über Tara führte. Mein Dank gilt auch Sabine und Martin Kalff für die entsprechenden Auszüge aus dem Sanskrit-Wörterbuch: Sanskrit-English Dictionary, Monier Williams, Oxford 1899 (Reprint Tokyo 1982), Einträge *tri, tara*.

Zur Tara-Praxis vgl. Willson, *Tara*. Das englische Standardwerk zu Tara enthält neben einer religionsgeschichtlichen Einordnung von Tara als Buddha, Bodhisattva und Figur der Großen Göttin zahlreiche einfühlsame Übersetzungen aus dem Sanskrit und Tibetischen: Das Tara-Tantra, der Lobpreis in 21 Versen in verschiedenen Varianten mit Kommentar, sowie weitere Lobgesänge auf Tara und zwei Praxis-Varianten. Da gut zwei Drittel des Buches Übersetzungen aus dem Tibetischen und Sanskrit sind, wurde es bislang nicht ins Deutsche übersetzt.

38 Sabine Kalff-Hayoz, unveröffentlichtes Manuskript, November 1997.

39 Lama Govinda, *Grundlagen der tibetischen Mystik*, S. 138.

40 Elisabeth Gössmann, *Hildegard von Bingen, Versuch einer Annäherung*. Iudicium, München 1995.

41 Auch wenn Walkers Beiträge Fehler und abenteuerliche Behauptungen enthalten und daher von wissenschaftlicher Seite nicht ernst genommen werden, enthalten sie doch viele brauchbare Informationen und Thesen, die zum Nachdenken anregen. Ein Auszug aus dem Stichwort Tara: »Von Indien bis Irland bekannter indoeuropäischer Name der Urgöttin Erde; verwandt mit der lateinischen Terra Mater, der hebräischen Terah, der gallischen Taranis und der etruskischen Turan. Seit ältesten Zeiten wurde in Athen jährlich ein Fest abgehalten, das nach ihr Taramata (Mutter Tara) benannt war... Der Name des [männlichen S. W.] Gottes war in Wales Taran, in Irland Torran und bedeutet ›Donner‹... Das traditionelle ›Taran-Tara‹ der Fanfaren ist ursprünglich von einem magischen Schrei hergeleitet, mit dem die Einheit der beiden Gottheiten ausgedrückt wurde.« Vgl. Walker, *Wissen*. S. 1051–1052.

Zum Tara-Ropka-Prozeß vgl. Anm. 5 im Teil 1.

42 Den Hinweis auf Tara in der kurdischen Sprache verdanke ich Frau Aischa Schurkus, Gespräch im Februar 1998 in Berlin.

43 Vgl. Neumann, *Die Große Mutter*, S. 311–312 (Text) und Abb. 183–185. Zum ersten Mal begegnete ich dem Werk Neumanns 1977 in der Bibliothek des Klosters Kopan in Nepal, wo eine englische Fassung der *Großen Mutter* stand. Seit der Zeit unterstützen mich seine kulturpsychologischen Betrachtungen auf dem Weg der Integration des Buddhismus in mein Leben im Westen.

44 Für eine persönliche Einweisung in die Praxis wenden Sie sich bitte an ein tibetisches Zentrum. Entsprechende Adressen entnehmen Sie bitte dem Anhang. Für eine Einführung in die Tara-Praxis und ihren geistigen Kontext vgl. Lama Yeshe, *Grüne Tara*. Zwei kurze Übungen zur Grünen Tara finden Sie auch in: McDonald, *Wege*.

2 Leseempfehlungen

Teil Eins und Zwei: Die Lehren und Den Weg gehen

Akong Rinpoche, *Den Tiger zähmen*. Theseus 1993.
Fred von Allmen, *Mit Buddhas Augen sehen*. Theseus 1997.
Pema Chödrön, *Beginne, wo du bist*. Aurum, Freiburg 1995.
Dies., *Wenn alles zusammenbricht*. Hoffmann und Campe,
    Hamburg 1998.
Dalai Lama, *Gesang der Inneren Erfahrung*, Dharma Edition,
    Hamburg 1993 (zitiert als: Dalai Lama, Gesang).
Michael Hookham, *Openness, Clarity, Sensitivity*. Longchen
    Foundation 1992 (dt. Übersetzung in Vorbereitung bei Theseus).
Ders., *On Freeing the Heart*. Longchen Foundation 1988. Zu
    beziehen über die Longchen Gemeinschaft (DBU).
Detlev Kantowsky, *Buddhismus*. Aurum, Freiburg 1993.
Ayya Khema, *Vier Ebenen des Glücks*. Jhana Uttenbühl 1997.
    Kathleen McDonald, *Wege zur Meditation*. Diamant, München
    1996.
Toni Packer, *Der Moment der Erfahrung ist unendlich*. Theseus,
    Berlin 1996.
Thich Nhat Hanh, *Das Wunder der Achtsamkeit*. Theseus, Berlin
    1988.
Ders., *Fünf Pfeiler der Weisheit*. Barth 1995.
Chögyam Trungpa, *Der Mythos Freiheit*. Theseus, Berlin 1989
    (*The Myth of Freedom*).
Ders., *Spirituellen Materialismus durchschneiden*. Theseus 1989
    (*Cutting through Spiritual Materialism*).
Ders., *Eine Insel des Jetzt im Strom der Zeit*. Krüger 1995
    (*Transcending Madness*) (zitiert als: Trungpa, Insel).

Alfred Weil (Hrsg.), *Karma*, Theseus, Berlin 1997.

Alfred Weil (Hrsg.), *Meditation*, Theseus, Berlin 1998.

Sylvia Wetzel, *Hoch wie der Himmel, tief wie die Erde, Ratgeber für gute und schwierige Zeiten*. Theseus, Berlin 1999.

Thubten Yeshe, *Wege zur Glückseligkeit. Einführung in Tantra.* Diamant, München 1988.

Teil Drei: Frauen und Buddhismus

June Campbell, *Göttinnen, Dakinis und ganz normale Frauen*, Theseus 1997. (*Traveller in Space*) (zitiert als: Campbell, *Göttinnen*).

Rita M. Gross, *Buddhism after Patriarchy*. State University of New York 1993.

Adelheid Herrmann-Pfandt, *Dakinis, Zur Stellung und Symbolik des Weiblichen im tantrischen Buddhismus*. Indica et Tibetica, Bonn 1992.

Lotusblätter, Frauen im Buddhismus. München, Nr. 4/1989–1/1990.

Lotusblätter, Frauen und Männer, weiblich und männlich. München, Nr. 3/1998 (Beide Ausgaben mit ausführlicher Literaturliste).

Sakyadhita. Töchter des Buddha, Diederichs 1993. (*Daughters of the Buddha*, Snow Lion, New York 1988) (zitiert als: *Sakyadhita*).

Tsultrim Allione, *Tibets weise Frauen*, Dianus-Trikont, München 1986. (*Women of Wisdom*) (zitiert als: Allione, *Weise Frauen*).

Miranda Shaw, *Erleuchtung durch Ekstase*, Krüger, Frankfurt 1997. (*Passionate Enlightement*) (zitiert als: Shaw, *Erleuchtung*).

Jean Gebser, »Asien lächelt anders«, in: *Gesamtausgabe* Bd. VI, Novalis, Schaffhausen 1977.

C. G. Jung, *Zivilisation im Übergang, Werke Bd. 10*, Walter, Olten 1981.

Erich Neumann, *Tiefenpsychologie und neue Ethik*, Kindler 1964, Fischer Taschenbuch 1985 (zitiert als: Neumann, *Tiefenpsychologie*).

Ders., *Kulturentwicklung und Religion*, Rascher 1953, Fischer Taschenbuch 1978 (zitiert als: Neumann, *Kulturentwicklung*).

Ders., *Die Große Mutter*, Rascher 1956, Walter, Olten 1983.

Gerda Weiler, *Der enteignete Mythos. Eine feministische Revision der Archetypenlehre C. G. Jungs und Erich Neumanns.* Ulrike Helmer Verlag, Königstein 1996.

Ken Wilber, *Eine kurze Geschichte des Kosmos*, Fischer Taschenbuch 1997 (*A Brief History of Everything*, Shambala 1996).

Ders., *Das Atman Projekt*, Junfermann 1990. (*Atman Project.* Quest Book 1980).

Ders., *Halbzeit der Evolution.* Fischer Taschenbuch 1996 (*Up from Eden*, Shamabala 1983).

Volker Zotz, *Geschichte der buddhistischen Philosophie*, Rowohlts Enzyklopädie 537, Reinbek 1996.

Teil Vier: Frauen und Freiheit

Diotima, *Der Mensch ist Zwei. Das Denken der Geschlechterdifferenz.* Wiener Frauenverlag 1989.

Luce Irigaray, *Genealogie der Geschlechter*, Kore 1988 (zitiert als: Irigaray, *Genealogie*).

Sylvia Kolk, *Von der Selbsterfahrung über die Selbsterkenntnis zur Einsicht. Ein Befreiungsweg im Kontext feministischer Bildungsarbeit.* Kleine Verlag, Bielefeld 1994.

Libreria delle donne di Milano, *Wie weibliche Freiheit entsteht*, Orlanda Frauenverlag Berlin 1988 (zitiert als: *Weibliche Freiheit*).

Luisa Muraro, *Die symbolische Ordnung der Mutter.* Campus 1993 (zitiert als: Muraro, *Mutter*).

Dies., *Weibliche Genealogie und Geschlechterdifferenz*,

Frankfurter Frauenschule 1989. Nachdruck über S. Wetzel
(zitiert als: Muraro, *Genealogie*).

Barbara Walker, *Das Geheime Wissen der Frauen*,
Zweitausendeins 1993. (*The Women's Encyclopedia of Myths
and Secrets*) (zitiert als: Walker, *Wissen*).

Gerda Weiler, *Ich brauche die Göttin. Zur Kulturgeschichte eines
Symbols*. Basel 1990.

Martin Wilson, *In Praise of Tara. Songs to the Saviouress*.
Wisdom 1986 (zitiert als: Wilson, *Tara*).

Thubten Yeshe, *Die Grüne Tara. Weibliche Weisheit. Grundlagen
des buddhistischen Tantra*. Hrsg. u. übersetzt von Sylvia Wetzel.
Diamant 1998.

3 Orte und Namen

Buddhismus in Deutschland

Der Dachverband der Buddhisten in Deutschland, die Deutsche Buddhistische Union (DBU), zählt im Frühjahr 1998 über vierzig Gemeinschaften aller Traditionen zu seinen Migliedern. Darunter befinden sich eingetragene und nicht eingetragene Vereine, die Seminarhäuser auf dem Land und in Städten betreiben, offene Gemeinschaften, die Gruppen aus unterschiedlichen Traditionen einen Ort für das gemeinsame Studium und die Praxis bieten, Gemeinschaften, die einer Tradition, einer Lehrerin oder einem Lehrer folgen, mit lokalen Untergruppen von Südbayern bis Schleswig-Holstein, vom Saarland bis zur polnischen Grenze.

In einer Stadt wie Berlin gibt es über vierzig buddhistische Gruppen, die Vorträge, Wochenendkurse und regelmäßige Meditationsgruppen anbieten. Es gibt einige hundert Gruppen im Bundesgebiet, in denen nach vorsichtigen Schätzungen etwa hunderttausend deutschsprachige Frauen und Männer die Lehren und Übungen des Buddhismus in deutscher Sprache kennenlernen können. Darüber hinaus sind etwa hundertzwanzigtausend Buddhisten aus asiatischen Ländern in ethnischen Gemeinschaften organisiert.

Neben traditionell ausgerichteten Gemeinden, die sich an der Lehr- und Praxisform ihrer Traditionen in Asien orientieren, gibt es Gruppen, die mit kulturneutralen Formen, mit Diskussionsrunden und kleinen Praxisgruppen experimentieren. Eine kaum übersehbare Flut von Büchern vermittelt theoretische Grundlagen und stellt praktische Übungen vor. Interessierte Neulinge sehen sich einem unüberschaubaren »Markt der Möglichkeiten« gegenüber. Wie können Sie die Tradition, Richtung und Gruppe finden, die zu Ihnen paßt?

Der Dalai Lama schlägt vor, mit einem offenen, aber kritischen Geist zuerst einmal Vorträge anzuhören, sich die Person, die die Vorträge hält, über einen längeren Zeitraum hinweg genau anzuschauen und Informationen über sie einzuholen. Ein Wochenendseminar kann erste Eindrücke der Übung vermitteln. Solange Sie nicht gefunden haben, was Sie suchen, sollten Sie weiter suchen. Fühlen Sie sich in einer Gemeinschaft relativ wohl und kommen Sie mit den Übungen zurecht, können Sie sich in der tibetischen Tradition immer noch zwei, drei Jahre Zeit nehmen, bis Sie sich verbindlicher auf eine Richtung einlassen. Doch die Temperamente sind verschieden, und manche haben schon bei der ersten Begegnung mit einer Richtung das Gefühl, angekommen zu sein. Nach einiger Zeit stellt sich von allein heraus, ob die erste Begeisterung ein Strohfeuer oder eine Initialzündung war.

Einen ersten Überblick über Gemeinschaften, die einführende Vorträge und Kurse anbieten, gibt die aktuelle Liste der Mitgliedsgemeinschaften der DBU in der von der DBU im 12. Jahrgang herausgegebenen Vierteljahreszeitschrift *Lotusblätter*. Jede Ausgabe beleuchtet ein Schwerpunktthema aus der Sicht der unterschiedlichen Traditionen, informiert über Neuerscheinungen auf dem Buchmarkt und stellt die aktuellen Programme der Mitgliedsgemeinschaften vor.

Deutsche Buddhistische Union (DBU) e. V.
und Redaktion *Lotusblätter*,
Amalienstr. 71, D-80799 München,
Tel. (0 89) 28 01 04, Fax 28 10 53

Informationen über Gemeinschaften im deutschsprachigen Ausland erhalten Sie über:

Schweizer Buddhistische Union (SBU),
Wiedingstr. 18, CH-8055 Zürich,
Tel. (00 41) (1) 4 61 15 24

Österreichische Buddhistische Religionsgesellschaft,
Fleischmarkt 16, A-1010 Wien,
Tel. & Fax (00 43) (1) 5 12 37 19

Neben einer großen Anzahl von Lehrern aus Ost und West gibt es einige wenige Lehrerinnen aus dem Osten und eine ganze Reihe westlicher Frauen, die Vorträge halten und Kurse geben. Auch von den lehrenden Frauen thematisieren bislang nur wenige die möglichen Folgen der Geschlechterrollen auf Studium und Übung. Es geht in fast allen Kursen um allgemein menschliche Fragen. Immer noch werden frauenfeindliche Aussagen aus den Schriften weitergegeben und nur selten von seiten der Lehrenden hinterfragt und problematisiert. Fast noch schwieriger für moderne westliche Frauen ist jedoch das große Schweigen, wenn es um Frauen geht. Ein direkter Ausdruck dieses Schweigens ist die bislang verschwindend kleine Anzahl von Kursen, die sich direkt an Frauen richten.

Die Geschichte des Buddhismus zeigt, daß die Veränderung mit den Fragen derer beginnt, die sich mit einem Weg befassen. Ayya Khema stellte dazu lakonisch fest: »Wenn Frauen wollen, daß sich etwas ändert, müssen sie es selbst anpacken. Das tut keiner für sie.« In diesem Sinne möchte ich Frauen, die buddhistische Vorträge und Kurse besuchen, auffordern, ihre Fragen ernst zu nehmen und diese auch zu stellen, denn: Steter Tropfen höhlt den Stein.

Ein Ergebnis der Ersten Internationalen Konferenz über buddhistische Nonnen im Februar 1987 im indischen Bodhgaya war die Gründung von Shakyadhita. Shakyadhita (Skt., wörtlich: Töchter des Buddha) ist ein Netzwerk buddhistischer Frauen aus aller Welt, das einen englischsprachigen Newsletter herausgibt. Alle zwei Jahre finden internationale Konferenzen statt, die fünfte tagte über den Jahreswechsel 1997/98 in Kambodscha. Eine kleine Tagung richtete im Februar 1997 die Johann Wolfgang Goethe-Universität in Frankfurt am Main aus.

Sakyadhita Deutschland
c/o Gabriele Küstermann,
Jungmannstr.1, D-22605 Hamburg,
Tel. (0 40) 8 80 41 71, Fax 8 80 88 58

Lehrerinnen

Die folgende Liste deutschsprachiger Lehrerinnen ist zwar noch klein, wird aber hoffentlich wachsen. Die Auswahl ist subjektiv, und genannt werden die Namen der Lehrerinnen, die ich persönlich kenne und deren Arbeit ich schätze. Sie geben gern weitere Auskünfte. Mögen mir die Kolleginnen verzeihen, deren Arbeit ich nicht kenne und deren Namen ich daher nicht erwähne. Wer nach Lehrerinnen im englischsprachigen Raum sucht, sei auf die Leseempfehlungen verwiesen.

Hinweis: Bei kleinen Gemeinschaften und Einzelpersonen gebe ich lediglich die Adresse an, bei größeren Zentren auch die Telefon- und Fax-Nummer.

THERAVADA

Ruth Denison
Die »Desert Queen« lebt in der Mojave-Wüste bei Los Angeles. Die deutschstämmige große alte Dame des Vipassana kommt bislang noch jeden Sommer ins Waldhaus am Laacher See bei Koblenz.

Informationen: Annabelle Zinser, Schloßstr.13, D-13467 Berlin

Ayya Khema
Rund 15 Jahre lehrte die in Berlin geborene Ayya Khema in Deutschland, die letzten acht Jahre lebte sie im Buddha-Haus im Allgäu. Am 2. November 1997 starb sie. Sie hinterläßt ein großes Werk: ein Seminarhaus und ein Kloster im Allgäu, ein Stadtzentrum in München und einen Buchverlag. Sie ist Autorin vieler Bücher, es gibt Vorträge auf Audio- und Videokassetten, und knapp zehn Schülerinnen und Schüler wurden von ihr autorisiert, die Lehren weiterzugeben.

Informationen: Buddha-Haus, Uttenbühl 5, D-87466 Oy-Mittelberg, Tel. (0 83 76) 5 02, Fax 5 92

Sylvia Kolk
Langjährige Schülerin von Ayya Khema und von ihr zum Lehren autorisiert. Seit Mitte der siebziger Jahre aktiv in der feministischen Bewegung. Sechzehn Jahre leitete sie mit anderen das Frauenbildungshaus Zülpich. Sie entwickelte einen neuen Ansatz zur Frauenbildung (GAIA), mit dem Ziel einer Bewußtseinsveränderung, den sie seit Ende der achtziger Jahre auch unterrichtet. Vor allem aber lehrt sie eine buddhistische Praxis für Frauen vor dem Hintergrund ihrer eigenen tiefen Verbundenheit mit beiden Befreiungsbewegungen, dem Buddhismus und dem Feminismus. Sie gibt Kurse bei feministischen, buddhistischen und christlichen Trägern in ganz Deutschland, u. a. im Kölner Raum, in Hamburg, Bremen und im Allgäu.

Informationen: Königsfelder Str. 8, D-53894 Kallmuth

Marie Mannschatz
Gestalt- und Körpertherapeutin mit eigener Praxis. Sie befaßt sich seit zwanzig Jahren mit Vipassana-Meditation und ist von Jack Kornfield zum Lehren autorisiert. Sie lehrt u. a. in Berlin, Hamburg und Freiburg und assistiert bei Vipassana-Kursen in der Schweiz und in den USA.

Informationen: Kerkowstr. 27, D-13125 Berlin und
Vipassana-Gruppe Freiburg, c/o Barbara Dietz-Waschkowski, Sonnhalde 16, D-79104 Freiburg

Annabelle Zinser
Yogalehrerin und Schülerin von Ruth Denison. Sie assistiert bei Kursen von Ruth in den USA und in Deutschland. Sie unterrichtet im Berliner Raum und im Waldhaus am Laacher See.

Informationen: Schloßstr. 13, D-13467 Berlin

Ursula Lyon
Im Rheinland geborene Wahl-Wienerin und Schülerin von Ayya Khema. Sie lehrt Yoga und Meditation im Buddhistischen Zentrum in Wien, weiß gut mit aufgewühlten Emotionen umzugehen

und hat einen wunderbaren Humor. Sie hält regelmäßig Kurse in Österreich und im Waldhaus am Laacher See bei Koblenz.

Informationen: Buddhistisches Zentrum, Fleischmarkt 16, A-1010 Wien, Tel. (00 43) (1) 5 21 37 19

Ursula Flückiger
Die Deutschschweizerin lebt in Bern und befaßt sich seit rund zwanzig Jahren mit der Theravada-Tradition. Mit ihrem Ehemann Fred von Allmen ist sie seit Jahren mit der Dhamma-Gruppe Bern verbunden. Sie lehrt in der Schweiz und in Israel und kommt regelmäßig zu Kursen nach Deutschland, u. a. in den Hamburger und Bremer Raum und nach Freiburg.

Informationen: Dhamma-Gruppe Schweiz, Postfach 5909, CH-3001 Bern, Tel. (00 41) (31) 9 21 68 05

ZEN

Gesshin Myoko Prabhasa Dharma Roshi
Die in Frankfurt geborene Rinzai-Zen-Meisterin lehrt seit 1982 in Deutschland. Sie lebt in Los Angeles und kommt regelmäßig in ihr holländisches Zentrum.

Informationen: Zen Centre Noorder Poort, Butenweg 1, NL-8351 GC Wapserveen, Holland, Tel. (0031) (521) 321 204, Fax 32 14 12

Dharma Udaka Kanromon, Osho (Jenny de Witt)
Die holländische Schülerin von Prabhasa Dharma Roshi leitet das Zentrum Noorder Poort in Holland. Sie lehrt Zen mit Humor, Leichtigkeit und Tiefe und spricht gut Deutsch.

Sibylle Padma Nicolai
Sie ist Schülerin von Prabhasa Dharma Roshi, lebt in Hamburg und lehrt im Hamburger Raum und in Berlin.

Informationen: Zen-Institut Deutschland, Lattenkamp 70, D-22299 Hamburg

Agetsu Wydler-Haduch

Die promovierte Neuropsychologin ist langjährige Schülerin des Rinzai-Zen-Meisters Henry B. Platov, der wiederum Schüler des ersten Zenmeisters im Westen, Sokei-an Roshi, war. Mit ihrem Ehemann leitet sie das Zentrum für Zen-Buddhismus in Zürich und gibt Zen-Texte heraus. Sie arbeitet auch als psychologische Beraterin in eigener Praxis. Sie lehrt u. a. auch in Berlin und in Freiburg, Breisgau.

Information: Zentrum für Zen-Buddhismus, Friedheimstr. 24, CH-8057 Zürich

Toni Packer

Die deutschstämmige Ex-Zen-Lehrerin war Dharma-Erbin von Kapleau Roshi, verließ nach einer Begegnung mit dem Werk Krishnamurtis die Tradition und leitet heute das Springwater Center in Rochester und schreibt Bücher. Tonis einfache und klare Unterweisungen kommen dem Bedürfnis nach Schlichtheit vielen westlichen Menschen sehr entgegen. Sie kommt zweimal im Jahr ins Haus der Stille in Roseburg.

Informationen: Haus der Stille Roseburg, Mühlenweg 20, D-21514 Büchen, Tel. und Fax (0 41 58) 2 14

Ji Kwang Dae Poep Sunim

Die koreanische Energie-Meisterin lebt in Hawaii und kommt regelmäßig zu Kursen nach Deutschland und Frankreich.

Informationen: Lotos-Sangha des Europäischen Sozialen Buddhismus, Niedwiesenstr. 5, D-60431 Frankfurt,

Tel. (0 69) 51 08 74, Fax 51 08 75

TIBETISCHE TRADITIONEN

Shenpen Susan Hookham

Die Engländerin lebt in Wales und ist der Kagyu- und Nyingma-Tradition verbunden. Mit ihrem Ehemann Michael Hookham

(Rigdzin Shikpo) leitet sie die englische Longchen Foundation und die deutsche Longchen-Gemeinschaft. Sie spricht Deutsch und hält Vorträge und Kurse im Kölner Raum, in Bayern und in Berlin.

Informationen: Longchen-Gemeinschaft, Samannstr. 13, D-53227 Bonn

Regine Leisner
Sie ist langjährige Schülerin von Dagyab Kyabgön Rinpoche und von ihm als Dharma-Referentin autorisiert. Sie hält Seminare und Retreats, betreut Studien- und Meditationsgruppen in verschiedenen Städten, gibt die Programmzeitschrift des Chödzong Langenfeld, *Chökor*, heraus, ist Vorstandsmitglied der DBU und Redakteurin der *Lotusblätter*.

Informationen: Chödzong – Buddh. Zentrum e. V., Königswarter Str. 22, D-90762 Fürth, Tel. (09 11) 7 43 36 08, Fax 7 43 36 09, email: choedzong@t-online.de

Sylvia Wetzel
Vorträge, Übungstage und -wochen – auch speziell für Frauen – in buddhistischen Stadt- und Landzentren sowie bei freien Trägern in Nord und Süd, u. a. in Berlin, Bielefeld, Bremen, Frankfurt, Freiburg, Hamburg, Köln, München, Ulm, in Zürich und Wien und in Spanien.

Informationen: Lindenstr. 6, D-14974 Jütchendorf

Gemeinschaften

Folgende Gemeinschaften bieten regelmäßig Kurse
mit buddhistischen Lehrerinnen an (nach PLZ-Bereichen):

bei Hamburg: Haus der Stille Roseburg, Mühlenweg 20,
D-21514 Büchen, Tel. (0 41 58) 2 14

Hamburg: Buddhistische Gesellschaft Hamburg, Beißerstr. 23,
D-22337 Hamburg, Tel. (0 40) 6 13 36 96, Fax -90

Köln: Stadtraum Köln, Moltkestr. 79,
D-50674 Köln, Tel. (02 21) 5 62 58 05

bei Koblenz: Waldhaus am Laacher See, Heimschule,
D-56654 Nickenich, Tel. (0 26 36) 33 44, Fax 22 59

München: Aryatara Institut, Barerstr. 70,
D-80799 München, Tel. (0 89) 27 81 72 26, Fax – 72 27

Oberbayern: Seminarhaus Engl, Engl 1,
D-84339 Unterdietfurt, Tel. (0 87 28) 6 16, Fax 4 12

Allgäu: Buddha-Haus, Uttenbühl 5,
D-87466 Oy-Mittelberg, Tel. (0 83 76) 5 02, Fax 5 92

Österreich: Buddhistisches Zentrum, Fleischmarkt 16,
A-1010 Wien, Tel. & Fax (00 43) (1) 5 12 37 19

Schweiz: Sandspielzentrum, Hinderzünen 8,
CH-8702 Zollikon, Tel. & Fax (00 41) (1) 3 91 81 66

Schweiz: Dhamma-Gruppe Schweiz, Postfach 5909,
CH-3001 Bern, Tel. (0041) (31) 9 21 68 05

Holland: Zen Centre Noorder Poort, Butenweg 1,
NL-8351 GC Wapserveen, Tel. (0031) (521) 32 12 04, Fax 32 14 12

Maura O'Halloran
Im Herzen die Stille
Briefe und Tagebücher einer Zen-Schülerin
Aus dem Amerikanischen von Ursula Gräfe
Band 15479

Eine junge Amerikanerin, kontaktfreudig und unkonventio-
nell, begibt sich auf eine Weltreise. Sie begegnet einem Zen-
Meister, der sie so sehr beeindruckt, dass sie sich zu einem
längeren Aufenthalt in seinem Kloster entschließt. In bewe-
genden Briefen und Aufzeichnungen schildert sie den Pro-
zess der Annäherung an das ihr fremde Klosterleben, aber
auch das Glück und die Zufriedenheit, die sie erfährt. Mit
einer unter die Haut gehenden Sprache lässt sie den Leser
an diesem ungewöhnlichen Leben teilhaben.

Fischer Taschenbuch Verlag